湖南省社科基金教育学专项
《乡村振兴背景下湖南省乡村教师流失现状及其政策治理研究》
（编号：JJ213831）研究成果

HUNANSHENG XIANGCUN JIAOSHI
LIUSHI WENTI YANJIU

湖南省乡村教师
流失问题研究

曹　仪 / 著

湘潭大学出版社
XIANGTAN UNIVERSITY PRESS

图书在版编目（CIP）数据

湖南省乡村教师流失问题研究 / 曹仪著. -- 湘潭 : 湘潭大学出版社, 2023.4
ISBN 978-7-5687-1064-0

Ⅰ. ①湖… Ⅱ. ①曹… Ⅲ. ①农村学校－教师－人才流失－研究 Ⅳ. ①G451

中国国家版本馆 CIP 数据核字（2023）第 070287 号

湖南省乡村教师流失问题研究

HUNANSHENG XIANGCUN JIAOSHI LIUSHI WENTI YANJIU

曹仪 著

责任编辑：张宝香
封面设计：李　平
出版发行：湘潭大学出版社
社　　址：湖南省湘潭大学工程训练大楼
电　　话：0731-58298960 0731-58298966（传真）
邮　　编：411105
网　　址：http://press.xtu.edu.cn/
印　　刷：长沙鸿和印务有限公司
经　　销：湖南省新华书店
开　　本：710 mm×1000 mm 1/16
印　　张：10.5
字　　数：172 千字
版　　次：2023 年 4 月第 1 版
印　　次：2023 年 4 月第 1 次印刷
书　　号：ISBN 978-7-5687-1064-0
定　　价：46.00 元

前　言

在经济较为贫困的乡村学校，由于教师和学校工作人员配备不足，教师常常需要身兼数职，从而导致工作压力过大，身体和精神均无法负荷，进一步加重了教师的流失情况。教师的职业信仰可以成为职业倦怠感的有效缓冲剂。相比于工资待遇，乡村教师对于自我发展的渴求更加迫切，在过重的工作负担之下，教师缺乏获得有效外部培训的时间支持和资金支持，教师的倦怠感增长显著，消极的职业情绪进一步降低了内生驱动力。乡村地区匮乏的教育资源和落后的经济条件进一步强化了教师的流动意愿。优秀乡村教师迁移至城镇地区的“向域性流动”比例远高于城镇教师前往乡村地区的“支援性流动”。即使教育资源和经济发展优先向乡村薄弱地区倾斜也并不能有效缓解教师的流失情况，只有当乡村资源投入达到一定规模时，教师的留职意愿才会显著提高。在城乡地区的教师单向流动现状下，乡村教师队伍整体失活。

流失率如果持续增高，学校吸引和培养高素质专业教师的难度将会越来越大。因此，在那些难以配备足量教职人员的学校，高教育需求的学生通常由缺乏经验、专业能力不足的教师教授。偏远贫困地区的学校，即使已经遇到了教师匮乏的难题，也有不少学校没有制定系统的政策来帮助教师留任。高质量的教学需要教师、学生和家庭之间建立持久的信任关系，而反复的教师流失则会阻碍这种信任关系的连续性。教师与学生之间形成的信任关系会随着时间推移而发展，这种关系对于形成一种由共同使命和共同战略目标统一起来的学校文化意识至关重要。

本书的研究结论主要有三点：

（1）从乡村样本教师群体的整体特征来看，主要存在年龄结构不合理，教师经验不足等问题。女性教师人数为男性教师的 2.8 倍，30 岁以下的年轻教师和五年以内教龄的新任职教师成为乡村教师队伍的中坚力量。从学历上来看，中学教师以本科学历为主，小学教师以本科学历和专科学历为主，公开招考和定向培养是乡村教师的主要来源。从稳定性因素来看，教师城乡收入差距明显，乡村地区内部差异显著；近半数乡村教师与伴侣两地分居，且住宿环境较差；乡村学校留守儿童比例较高，教师非教学性工作过多，教师工作负荷较重；学校资源配置和网络多媒体建设有待完善，管理支持和社会支持有待提高。从激励性因素来看，乡村教师工作压力较大，职业成就感低，生活幸福感有待提高；乡村地区高级职称比例高于城镇教师，但乡村教师获得荣誉表彰难度较大；近半数教师参与过省级及以上级别培训，但是学校对教师的培养力度有待加强。从教师流动状况来看，69.0% 的乡镇教师和 74.7% 的偏远乡村教师认为本地教师流失率高，且有 43.7% 的乡镇教师和 47.5% 的偏远乡村教师有流动意愿。

（2）从乡村教师流动意愿影响机制的参数模型分析来看，男性、高学历、高职称、高社会地位、与伴侣两地分居、子女数量较多、在校时间过长、所在学校留守儿童比例高、职业倦怠感与工作压力感高、荣誉获得难度低的教师流动意愿更大，年龄与教龄偏大、家庭支持良好、对当地文化适应程度高、对子女受教育环境与住宿环境满意度高、所在学校教学资源配置与多媒体网络建设完善、生活幸福感与职业成就感高、经常参与集体备课和教学观摩的教师更愿意留任。

（3）从乡村教师流动意愿影响机制的非参数模型分析来看，教师薪酬收入与教师职业成就感对教师的流动意愿产生了显著影响，但是高收入和低收入教师之间存在较大的背景差异，高职业成就感与低职业成就感教师之间也存在较大的背景差异，薪酬收入与职业成就感对教师流动意愿的影响存在中介效应。通过 PSM（倾向得分匹配）方法对乡村教师的“反事实收入”和“反事实职业成就感”进行对比，发现教师薪酬与乡镇教师流动意愿的因果关系显著，但是偏远乡村地区教师流动意愿的收入效应不明显；职业成就感与乡镇教师和偏远乡村教师流动意愿的因果关系均显著，且偏远乡村地区的职业成就感效应高于乡镇地区。

以上结论的政策含义是，乡村教师的流动意愿受到稳定性因素和激励性因素的共同影响，稳定性因素决定了乡村教师留任的“底线”，激励性因素激发了乡村教师的职业动机。缓解乡村教师流失问题需要进一步提升学校行政支持，强化教育管理机制；提升教师薪酬福利，推动校园设施建设；创新教师培训方式，促进教师专业发展；改革教师招聘方式，关注教师的本土培养；联合社会行业力量，提升教师社会地位；促进乡村文化认同，提升教师幸福感受。

目　录

第一章　绪　论

第一节　研究背景

《中共中央国务院关于实施乡村振兴战略的意见》指出，实施乡村振兴战略，是解决人民日益增长的美好生活需要和不平衡不充分的发展之间矛盾的必然要求。当前，我国发展不平衡不充分问题在乡村最为突出，振兴乡村经济，促进城乡一体化均衡发展，重点在于乡村公共教育质量的提升。2015 年《乡村教师支持计划（2015—2020 年）》指出："发展乡村教育，教师是关键，必须把乡村教师队伍建设摆在优先发展的战略地位。"2020 年，教育部等六部门发布《关于加强新时代乡村教师队伍建设的意见》，指出乡村教师是发展更加公平有质量乡村教育的基础支撑，是推进乡村振兴、建设社会主义现代化强国的重要力量。党的二十大报告强调，"全面建设社会主义现代化国家，最艰巨最繁重的任务仍然在农村"，要"坚持以人民为中心发展教育，加快建设高质量教育体系，发展素质教育，促进教育公平。加快义务教育优质均衡发展和城乡一体化，优化区域教育资源配置"。

教育被认为是人类建设最有价值的工具，公共教育已然成为向所有孩子提供平等和机会的最大平台，是社会阶层固化最好的解毒剂，是提升社会流动性的有效途径（Nbina,2011）。对于贫困的乡村地区来说更是如此，公共教育成为贫困家庭孩子改变命运，实现经济阶层向上流动的主要途径。尽管在国家不断地提升教育质量，呼吁教育公平的努力之下，贫困家庭孩子接受教育的概率已经大大增加，但是不同地区之间，教育的差异性依旧存在。城乡二元结构差异之下，优质资源向城市发达地区倾斜，乡村地区教育经费投入严重不足，补偿性津补贴不足以弥补城乡之间的资源落差（庞丽娟等，2010）。同时，经济与教育资源的不均衡问题不仅体现在城乡之间，现在更是在乡村内部进一步蔓延，而对于乡村教师的一体化定义正在试图掩盖这种逐渐凸显出来的差异化矛盾（李慧等，2016）。城市边缘的乡村教师成为政策倾斜后的利益享受主体，而偏远地区的乡村教师依然无法有效改善自身的工作和生活困境，在相同的经济补偿条件下，教师优先选择地理位置离城区更近，生活条件更为舒适的近郊乡村学校。

目前，高能力教师不断从偏远贫困山区向城市中心流动，从中西部地区向沿海发达地区流动。教师的单向流动正在不断加剧乡村教师的流失状况。优质稀缺资源的分配不均衡导致了乡村偏远地区孩子与城市优质地区孩子之间存在着巨大的教育机会鸿沟（Anthony,2018）。而教师队伍建设是造成和不断加大这一鸿沟的重要因素。

教师队伍的建设对教育公平起着至关重要的作用。高水平的教师是孩子教育经历中最为重要的因素。教师是这些愿景和抱负所围绕的支点，教师是世界上最重要的职业。教师将知识和价值观传递给孩子，为他们的进一步成长和生活做好准备，是孩子发展的主要贡献者。然而，这个最重要的职业却没有得到应有的认可。在发达国家，年轻人不再想成为中小学老师，在发展中国家，这一职业由于报酬低而不能吸引有能力有抱负的高素质人才。越是条件艰苦的地区，教师的配备越艰难，教师的流失率越高（Nguyen,2020）。

教师的流失无疑将会影响学生的教育质量，而临时聘请的缺乏教学经验、专业素养不足的教师同样会对教学产生负面的影响。即使学生身处教师未流失的班级，整个学校较高的教师流动氛围同样会不利于学生的学校生活。除此之外，有研究表明，教师的流失让学校产生了较高的周转成本，乡村学校由于缺乏足够的财政支持，因此他们所获得的教学资源要远少于城市或城镇学校。在许多情况下，更换一名教师所花费的费用是比较大的，这包括了招聘成本、激励措施、行政管理和教师培训等方面，根据地区的不同，每位教师的流动成本从 4366 元到 17872.9 元不等（Banghart K.,2021）。教师不断流失的学校在提升学生教育质量方面也将处于不利地位。流失率越高的学校，其学校需要花费更多的资金来处理由于教师流失所带来的一系列问题，这在一定程度上更加削弱了学校的财政能力。

入职前五年是教师流失的高峰期，因此前五年也是教育管理者对教师流失进行干预的最佳时机（Nielson,2001）。这五年间，在高职业成就感和工作激情的驱动下，教师的专业水平得到较大提升，显著地影响了学生的学业水平。因此，政府和教育管理部门花费大量的时间和资源来帮助贫困地区招聘和留任教师。近年来，国家虽然推出了大量的政策文件以支持贫困地区教师队伍的建设，但是依然难以缓解优秀教师的流失。乡村教师队伍目前主要存在老龄化严重、流动性高、专职率低、教学水平有待提高等问题。

与城市地区相比，乡村地区存在着显著的区域性特征，例如较强的生活独立性、较高的教育同质性、较慢的生活节奏、单一的教师来源、重复的工作流程、稀缺的教学资源、落后的经济条件等。乡村地区长期存在的“离农思想”和城市向往式教育造成了城乡之间的价值取向差异。对于不少年轻人而言，乡村教师岗位较差的薪酬福利不仅对物质生活造成消极的冲击，较低的社会地位更是对其能力价值的双重否定（赵新亮，2019）。

乡村教师对于美好生活的向往同城乡二元结构下巨大的经济落差形成鲜明的矛盾，这给教师的职业心理带来了较大的消极感受（吴玉龙，2019）。一是教师的职业成就感不强，教师很难在有限的资源支持之下，显著地改变学生的教育质量，同时乡村教师获得高级别表彰的难度过大，教师的工作价值并未被准确评价。二是心理落差与日俱增，部分没有乡村生活背景的教师很难在短时间内融入当地生活，由于缺乏社群关系的强联系，教师的社会孤立感较大地打击了教师任教的初心。三是责任负荷过大，由于不少乡村教师除了任教专业学科以外还需兼职学校的日常管理和照顾学生的生活起居，教师承担了比城市普通教师更多的责任，在学校责任无限放大的当下，教师的心理压力过大。四是教师缺少职业归属感，由于乡村学校资源匮乏，在高标准的教育要求之下，新任职教师的工作难度较大，有限的专业支持与行政支持不断降低了教师的归属感。

乡村教育的另一个主要问题是乡村学生通常来自经济收入并不富裕的家庭，学生的家庭问题往往比城市家庭更加复杂，留守儿童等具有特殊教育需求的群体更多，乡村地区也由于地域的多样性导致了研究者很难对乡村教育进行一个统一的定义。虽然近年来，乡村地区的经济正在大力发展，绝大多数家庭已经脱离贫困的状态，但是这些地区部分家庭的教育投入可能并没有随之增加，外出务工的家长对其孩子的教育参与度也并未提升（Watts,2016）。因此，即使这些地区的经济得到了发展，乡村学校的教师压力却并没有随之缓解。

乡村地区教师的留任与流失问题有时超过了教育部门可以改变和影响的范畴，比如受到经济或疫情的影响，当地的工厂倒闭，迫使乡村教师因家人必须前往外地谋生而不得不辞职；比如乡村教师必须前往外地照顾生病的父母；比如年轻的乡村教师想要进一步得到专业发展而选择继续攻读高级学位；比如年迈的教师因身体原因选择提前退休。诸如此类的个人或家庭原因导致了乡村地区教师岗位的空缺。当乡村教师难以从自身职业中找到未来前进的方向和人生价值实现的可能时，教学职业便会成为一种工具性的谋生手段，长此以往，在面临较大的挑战时，会持续增加教师的职业倦怠感，降低工作效能感，教师流失的概率将会大大提升。在此种情况之下，我们还能做些什么来保障年轻的优秀教师扎根于乡村，给予贫困家庭的孩子最起码的教育保障，给所有想要努力摆脱阶层桎梏的人一个平等的机会？

湖南乡村地区学校物资匮乏，经济落后，如何缓解教师的大量流失是一项不小的挑战，优质教师的流失对原本就教育力量薄弱的乡村学校而言是一项巨大的损失，进一步加剧了城乡之间的教育不公平。教师队伍的建设是公共教育系统中不可或缺的一部分，为乡村地区学校留住优秀教师已经迫在眉睫。为了留住优秀的乡村人才，虽然政府部门已经施行大量政策为乡村教师队伍的稳定性建设提供有利的环境保障，但是乡村教师目前普遍存在着幸福感缺失，职业成就感不足，专业发展受限，生活条件艰苦等问题。为了有效缓解乡村教师的流失，应当注重教师的现实需求，创造积极的校园文化氛围，提升社会对乡村教师的职业认同，激发教师的内在驱动力，更多样化地创新教师招聘方式，以期扩大乡村教师应聘人群，提升教师留任的可能性。

第二节　研究意义

教育是成功的关键，而成功教育的关键因素是优秀的教师。教师为学生的成长和发展提供了机会。教师的流失将会导致学生的教育质量遭受到不必要的损失，同时对校园文化氛围造成严重的冲击（Sawchuk,2015）。在当前加强教师队伍建设，促进教育公平的社会要求下，缓解教师流失，提升教师资源配备是刻不容缓的任务。目前，许多乡村学校面临着行政支持不足、课堂纪律混乱、文化不匹配、资源匮乏和教师配备不足等问题。偏远贫困的乡村很难留住优秀的教师。

大力发展贫困地区教育事业是脱贫攻坚的必然要求。缓解乡村教师流失状况是促进教育公平，推进乡村振兴发展的现实需要。本研究对湖南省乡村教师流失现状进行研究，可以深入了解湖南省乡村教师队伍的现实情况，对于调动乡村教师积极的职业情绪，提升内在发展动力，稳定与培养有专业素质、教育情怀、使命担当的乡村教师队伍，具有重大的现实意义。

以往对于乡村教师流失的研究多集中在外部条件上，对内生因素研究较少。因此，了解教师流失的原因，探索提升教师留任意愿的途径具有较强的理论意义，是缓解教师流失，加强乡村教师队伍建设的第一步。本书基于双因素理论，通过理清影响教师流失的维持因素与激励因素，可以对乡村教师流失的理论研究提供新的视角，并为政府部门政策制定提供理论依据。

第三节 核心概念界定

一、乡村教师

依据学校地域划分，可以将学校地理位置划分为城区、镇区、乡镇和乡村。在《乡村教师支持计划（2015—2020年）》中，乡村教师特指“全国乡中心区、村庄学校的教师”。本研究参照统计年鉴和文件政策中的定义，认为乡村教师是常年坚守在乡中心区、村庄地区义务教育阶段学校工作的乡镇和乡村教师群体，是乡村教育质量发展的重要组成部分。本研究所指的乡村教师为义务教育阶段中的中小学教师，包括在职和代课教师。从乡村教师的定义描述来看，乡村教师和城市教师一样均是受教育管理部门统一管理的人民教师，从身份上来看并无任何区别，只存在任教地区的差异。城乡之间只存在地理位置和学校类型上的不同，而不能作为判断教育质量优劣，教师专业素养高低的标准。

二、教师流失

教师的流失包括了教师向其他行业迁移和教师向其他学校迁移两种形式。从学校的角度上来看，这两种形式的流失产生的后果一样严重，均是学校失去了一位教师，但是从管理者的角度上来看，导致这两种流失的影响因素可能并不相同，缓解这两种流失所需要付出的代价也并不相同。因此，只有深入了解教师从事教学岗位的原因和留任学校的原因，才能更好地加强乡村地区教师队伍的建设，缓解日益严重的教师流失等问题。

三、工作满意度

早期研究者将工作满意度定义为一个人对自身工作的认知、情感和评价的反应。工作满意度是个体对工作状况的情绪反应，它只能被告知而不能被观察到，其次，它通常取决于劳动成果达到或超过预期的程度，如果教师感到他们比在其他经济部门类似能力的人群工作更努力，但是收获的回报却很少，那么工作满意度将会显著降低。

良好的人力资源管理可以带来更好的工作满意度，最终提高组织绩效（Arnold et al.,1999）。员工倾向于将他们想从工作环境中得到的东西与他们的实际经验进行比较，如果员工得到比他们预期更多的积极反应，他们将获得更高的工作满意度。前期研究成果表明，个体特征如性别、教育水平和年龄对工作满意度有显著影响。薪酬结构被大多数学者认为是人力资源管理策略中确保组织成员工作满意度的最重要的工具。高水平的薪酬和福利确实可以帮助学校吸引和留任高质量教师，但是这可能会超出学校和当地政府的财政支持能力。合理化薪酬结构，使教师薪酬与工作内容和工作绩效相联系，可以在一定程度上激发教师的工作热情。

四、心理契约

心理契约是由美国心理学家阿吉里斯最先提出，它指的是组织领导者与组织成员之间达成的无形的心理共识，虽然这种心理共识并未形成合同受到法律的保护，但是它对组织内的工作效能和工作气氛产生重要的影响。心理契约通常包含两个方面的内容，一是组织领导者期待组织成员在完成基本工作绩效的情况下，付出超过预期的努力，产生创新性的成果；二是组织成员期待组织领导者对其工作价值做出应有的评价，并对其职业发展提供有力的行政支持。

第四节　研究方法

（1）理论分析与实证研究相结合。本书基于双因素理论，从乡村教师流失影响因素和乡村教师队伍稳定政策路径探索等角度进行研究。以国内外文献综述为依据，构建分析模型，基于湖南省 14 市（州）乡村教师抽样调查数据进行实证分析，通过统计检验对理论模型进行验证，并深入挖掘其背后的教育学内涵。

（2）多领域交叉、多学科结合分析方法。本书结合多个学科领域的理论，构建基本的分析框架，从社会学理论角度分析乡村教师流失的内涵，依据管理学角度分析乡村教师队伍稳定机制，基于经济学原理探究乡村振兴对乡村教育发展的显著影响，同时借助统计学模型对乡村教师流失内在机制进行路径分析。

（3）定性分析与定量分析相结合。为了探究教师激励因素、稳定性因素对乡村教师流失现状的影响，本书采用定性分析方法构建乡村教师流失影响因素模型，然后通过实证数据进行量化研究，探究在激励因素与稳定因素影响下，乡村教师流失意愿的变化和留任路径研究。

第五节　研究的技术路线

本书基于大量的文献梳理，结合国内外有关乡村教师流失现状和影响因素研究，基于双因素理论归纳总结了影响乡村教师流失的稳定性因素和激励性因素。通过抽样调查对湖南省乡村教师队伍现状进行了深入分析，通过参数估计验证了稳定性因素和激励性因素对乡村教师流动的影响，并通过非参数分析探讨了经济因素和心理因素对乡村教师流失产生的因果效应。研究的技术路线如图 1.1 所示。

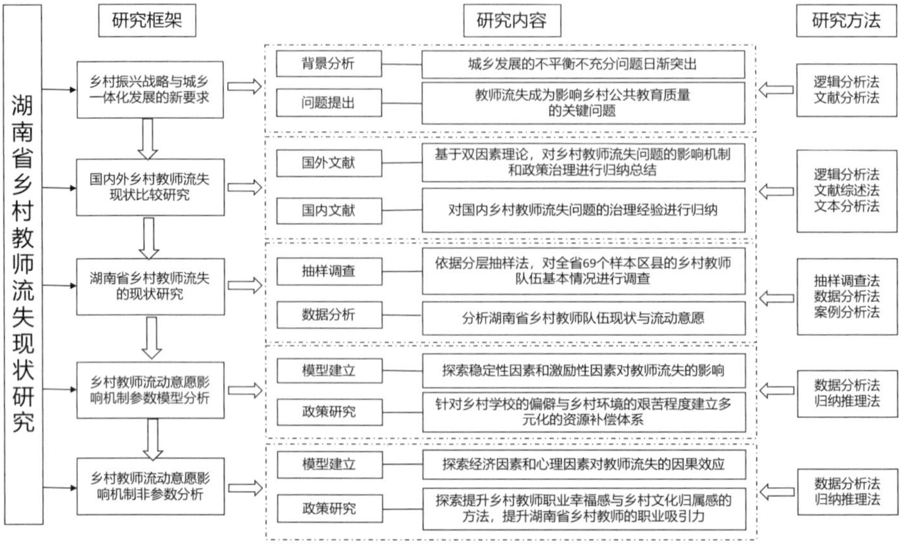

图 1.1　技术路线

第六节　主要内容与结构安排

第一章绪论。主要对本书的研究背景进行阐述并提出问题，在对我国主要教育发展特征和乡村教师流失相关背景分析的基础上，阐述了对乡村教师流失现状和乡村教师流失影响机制进行分析的理论与实践意义，同时对本书采用的研究方法、技术路线和本书的主要内容、结构安排进行了简要说明。

第二章乡村教师流失的国内外研究。从国内外乡村教师流失现状、乡村教师流失影响机制和乡村教师流失问题的政策治理三个方面进行了文献梳理。通过对比国内外乡村教师流失现状来分析目前乡村教师队伍情况；基于财政投入、社会隔离、行政支持、教师培训、文化氛围、工作压力、心理因素、政策环境等八个方面对乡村教师流失的影响机制进行论证；对国内外乡村教师流失政策治理的先进经验进行总结和归纳。

第三章理论基础。对计划行为理论、人力资本理论、ERG 理论、社会信任理论、双因素理论进行概述。

第四章湖南省乡村教师生活现状研究。通过分层抽样，对湖南省乡村教师队伍特征、教师生活基本情况、教师流动意愿进行深入调查，并对影响教师流失的稳定性因素和激励性因素进行描述性分析，并对城乡之间的差异进行对比分析。

第五章教师流动意愿影响机制的参数检验。通过建立 Logistic 模型，对稳定性因素和激励性因素对乡村教师流动意愿的影响进行数值验证，并对中小学乡镇地区和偏远乡村地区的教师模型进行对比分析。

第六章教师流动意愿影响机制的非参数检验。对影响乡村教师流动的主要经济因素和心理因素进行非参数检验，基于倾向得分匹配法（PSM）验证了薪酬收入与教师职业成就感对乡村教师流动意愿影响的因果效应。

第七章研究结论与政策分析。对主要实证分析结果进行归纳和总结。

第二章　乡村教师流失的国内外研究

第一节　乡村教师流失的现状

一、国际现状

乡村教育问题是一个全球性的教育共识难题，2012 年，全球仍然有 1.21 亿儿童和青少年失学。尽管 2015 年全民教育普及项目（EFA）的教育目标已经取得了一定的进展（UNESCO，2015），但是教育质量的提升依然是一个艰巨的任务。城乡差距在发展中国家的表现更加严重，这反映在教育的方方面面，如成人的识字率、学前教育、小学毕业率和中学升学率等。虽然在提升教育质量的道路上还存在着诸多阻碍,如基础设施建设、优质教育资源匮乏等，但是优秀教师的引进和发展都是所有研究者公认的最难攻克的难关。

Newman et al.（2005）对美国的教育问题评估后认为，未来美国的教育研究方向应当集中在教师质量提升、乡村教师引进和发展、稳定乡村教师队伍等方面。2011 年，联合国教科文组织统计研究所（UIS）估计，到 2015 年，全球需要 200 万个新的教师职位来确保初等教育的普及，到 2030 年，全球对教师的需求量将上升到 2580 万（Beckman et al.,2016）。教科文组织认为，教师资源短缺是实现全球教育和千年发展目标的一个重大阻碍。教科文组织《2012—2015 年教师战略》强调了师资储备和在教师资源短缺地区建设高质量教师团队的重要性。此外，合格教师的缺乏还导致了与教育质量有关的其他问题，如优质教育资源短缺和大班额问题。

在不少国家，政策制定者试图通过降低教师聘用标准，在短时间内解决乡村教师短缺问题，被证明将在长时间内进一步加剧教育的城乡不公平。Eppley（2009）对美国 2001 年的教育政策《不让一个孩子掉队》进行了批判性的分析，认为该项政策在乡村学校聘请高质量教师方面所作出的唯一尝试就是允许乡村学校可以采用灵活的教师聘用标准。研究者认为这是一次非常错误和不充分的政策制定，这项政策试图减轻教育法规对于乡村学校的约束。2013年与2014年的全民教育评估监测报告强调了教师队伍的重要性，指出“约三分之一的国家，只有不到75%的小学教师接受了国家标准的培训，现有教师培训难度比招聘和培训新教师的难度更大。”

即使在美国等发达国家，教师的流失率也令人震惊。每年近20%的公立学校教师都会离职，大多数学校每三年的教师流动率达到50%，超过50%的教师在入职五年内就离开了教育领域，几乎10%的教师在完成第一学年教学之前就辞职了。而这一教师流失问题影响着整个学校系统，无论是城市、城镇或乡村。在主要是农村和经济困难的州，学校更是遭受教师严重流失的不利影响（Tran et al.,2019）。

美国教育部农村教育报告称，在53145名公立学校教师中，有6705人没有返回岗位，南卡罗来纳州有550个教师职位空缺，预计到2027、2028年，南卡罗来纳州将出现2487名教师的整体短缺。该州的贫困乡村地区尤其受到这一趋势的影响，往往比城市地区更难吸引到教师。2012年到2017年这5年间乡村低收入地区教师流动率为13.9%。作为对美国教育部农村教育报告的回应，大学教育管理委员会（UCEA）的首要建议是通过提供适当的激励措施来稳定农村教育工作者队伍（UCEA,2018）。

在科罗拉多州的乡村地区，教师流失同样是一个急需解决的问题。2018年到2020年间，科罗拉多州公立教师的流失率为15.78%，而乡村学校的流失率达到17.85%，乡村小规模学校的流失率则为18.1%。当地数学和科学教师的匮乏已经成为长期难以解决的问题，17%的新任教师在任职五年内离开教学岗位，而高等教育机构没有足够的毕业生来填补空缺的教师岗位，尤其是在一些重要学科上，教师的匮乏显得格外严重（Banghart et al.,2021）。

在发展中国家，乡村教师的流失更为严重。2015年印度尼西亚巴布亚省的一项关于乡村和偏远地区的教育调查发现，由于教师短缺，乡村教师不得不在多个班级授课，导致很多教师的学术背景和所教专业并不相配。除此之外，不少教师还需身兼数职，既要完成课堂教学，又要兼任学校管理，双重身份叠加之下，教师和管理者均无法高效完成本职工作，当地的师资供应情况已经非常危急（Febriana et al.,2018）。

通过项目研究，印度尼西亚巴布亚和西巴布亚乡村学校面临的主要问题包括师资短缺、教育资源和教研人员分配不均衡、教师素质良莠不齐和教师任教科目专业不匹配等问题。加纳的新任教师在毕业后三年内离开教师岗位的人数惊人，对于基础学段的学校而言，教师的流失率和由此产生的教师需求量持续增加（Cobold,2007）。加纳一项全国性研究报告表明，基础学段学校缺少 4 万名培训合格的教师，其中 2.4 万名教师岗位由未受训人员填补，20% 的教师在上岗的前三年流失，60% 的教师在上岗的前五年流失。

二、国内现状

近年来，主流媒体越来越关注教师短缺的问题，教育部公布的最新数据显示，10 年来，我国专任教师总量从 2012 年的 1462.9 万人增长到 2021 年的 1844.4 万人，增幅达到 26%，同时教师资格考试报名人数也由最初的 17.2 万人跃升至了 2021 年的 1144.2 万人次，报考人数实现了 10 年翻 66 倍。随着近年来“教资热”、“教师热”的持续升温，教师似乎逐渐变成广大年轻人趋之若鹜的热门职业，在当前严峻就业形势下的热点选择。

根据全国统计数据，全国共有小学 15.43 万所，小学专任教师 660.08 万人，小学阶段在校生 1.08 亿人，在全国范围内，小学阶段的师生比为 1∶16.3。全国共有初中 5.29 万所，初中专任教师 397.11 万人，初中在校生 5018.44 万人，全国初中阶段的师生比为 1∶12.6。全国共有普通高中 1.46 万所，在校生 2605.03 万人，共有普通高中专任教师 202.83 万人，全国高中阶段的师生比为 1∶12.8。《关于统一城乡中小学教职工编制标准的通知》中要求，高中教职工与学生比为 1∶12.5、初中为 1∶13.5、小学为 1∶19。

根据 2021 年的数据，在全国范围内，小学和初中的师生比要求已经达到国家规定的标准，并且初中和小学教师的配备已经处于超编状态。但是事实上，在特定学科（如科学学科）和特定地理环境（如乡村地区）下，教师的供给在不断减少。当前教师的高流失率和师范生数量下降是造成这一问题的主要原因。乡村地区学校面临的一个最为突出的问题就是如何吸引高质量教师，哪些因素阻碍了乡村学校吸引教师的能力。目前，乡村学校招聘教师的障碍充斥在方方面面，包括了较低的工资水平、较小的社区规模、与中心城区的距离、不便利的交通、社区隔离、学生贫困率高、匮乏的教学资源等。

2022 年，师范专业频频遇冷，在很多地方多次征集志愿，仍旧没有招录到足够的学生，断档的现象比较严重。以河南省为例，2022 年共有 16 所师范院校本科阶段招生，原计划招生 3896 人，实际招生缺口出现 930 人，占了总人数的 1/4。高贫困、少数民族聚集地的教师有着更高的流失率。因此，全国教师的统计数据会掩盖地区与地区之间教师短缺的严重程度。在湖南部分经济条件欠发达的地区，教师资源缺乏的情况往往更加严峻，许多地区有着较高比例的少数民族学生和贫困家庭学生。

目前，我国义务教育阶段学生中，乡村地区学生占全国学生总数的 29%。但是从教育部 2015 年公布的数据显示，我国乡村教师人数从 2010 年的 472.95 万下降至 2013 年的 330.45 万，流失率高达 30%（庞丽娟等，2020）。有研究者对湖南省乡村小规模学校教师工作满意度进行调查发现，超过三成的教师存在岗位流动意愿，教学点教师的离职意愿更加强烈（孔养涛，2020）。《中国农村教育发展报告》显示，有意向从乡村前往城市的教师超过了六成，而想要前往教学资源更丰富或者经济条件更好的学校的教师则超过了八成，超过七成的城镇教师不愿前往贫困乡村进行教学交流，即使提供额外的津补助，也有超过半数的教师缺乏该意愿（陈莉，2020）。中青年教师和高职称教师成为流动大军的主要成员。

自 20 世纪 70 年代以来，中国的改革开放促进了经济和社会的快速发展，但是在一些乡村地区，教育状况依然非常落后。2022 年 8 月，中国乡村发展基金会、北京师范大学中国教育政策研究院、21 世纪教育研究院联合策划并组织专家团队编写了《2022 年中国乡村教育发展报告》（邬志辉等，2022）。《报告》指出中西部乡村中小学学校、学生数量持续减少，乡村小学的学校数量在八年中减少了 8 万所，乡村初中学校数量年均减少 1000 所左右；另一方面，乡村学校寄宿制学校占比高、小规模学校发展滞后。同时调研发现，乡村教师呈现出结构不合理现象。村小教师年龄偏大，50 岁以上教师占总人数的 20%，完小和教学点教师学历偏低，教师身兼数职，平均每个乡村教师任教 2 个以上学科，教师不仅需要任职多个岗位，且专业素养无法得到有效提升。

乡村教师性别比例差异较大，年轻教师婚配压力重，且薪酬水平偏低，无法支撑生活的必要开支。张彩玲（2018）认为，乡村教师偏低的薪酬水平难以承担生活的重压，教师资源匮乏导致乡村教师往往需要承担多项工作任务，工作负荷太大，偏僻的地理位置和经济条件难以支持教师进一步培训专业技能，提升教学水平，教师的职业倦怠感与日俱增，打击了乡村教师的职业积极性。目前，中西部乡村地区，教师处境更为艰难，受地方财政影响，教师的薪酬水平更低，对于部分偏远山区，教师的生存条件急需得到改善，尤其是乡村地区的代课教师，更是处于乡村生活的最底层。

“九五”和“十五”期间，在全国 16 个行业中，中小学教师平均工资排在第十位到第十四位之间，“十一五”之后，全国行业重新划分为 19 个种类，中小学教师薪酬依然排在第十位到第十六位之间。根据国家统计局发布的 2021 年薪资研究报告显示，教育行业在私营单位中薪酬水平排名第十四，而在非私营单位中排名第七，与排名第一的信息传输、软件和信息技术服务业相比，薪酬水平相差一倍有余。此外，教师的薪酬水平随地区的不同存在着显著的差异。

中国统计年鉴公布的“2021 年全国体制内教育业收入排行”显示，北京市在编教师年薪居于榜首，超过 18 万，西藏、天津、上海均超过 13 万，浙江、江苏、广东、重庆也突破 10 万大关。值得注意的是，虽然西北和东北地区经济发展相对落后，教育水平也并非排在前列，但是教师的薪酬水平却排名靠前，尤其是西藏教师薪酬水平仅次于北京。但是湖南以平均年薪 77474 元排在倒数第三位，仅高于河南和山西。2017 年一份关于《乡村教师支持计划》的教师薪酬满意度调查结果显示，乡村教师对目前薪酬待遇不满意的人数比例超过 50%。2018 年对豫、甘、湘三省贫困地区教师收入的调查报告显示，超过一半的教师实际年收入低于 4 万元，其中有 28.1% 的教师年收入低于 3 万元（吴玉龙，2019）。乡村教师薪酬水平严重偏低。

除此之外，乡村教师编制管理和招聘机制均存在不完善等问题，教师从乡村地区回流至城市地区现象严重，资源配套也存在严重短缺（李慧，2016）。根据 2013 年中央关于“事业单位机构编制数量只减不增”的要求，多地教育系统人员编制核定工作已经暂停，导致了较多地区出现教师缺失却无法补充的情况。在当前形势之下，教师的人力资源配置正处于市场失灵的困境。乡村教师队伍人才紧缺却无法吸引到就业困难的大学生；编制管理之下，能力不足的教师无法退出，高能力教师却又进不来；新任职教师学历合格，但是教学水平不足等（王国明，2018）。目前，部分地区乡村教师队伍正处于新老断档的境况，教师老龄化现象严重，老教师即将或已经退休，新教师却不能得到及时的补充。

为了解决乡村地区学校教师资源匮乏的问题，“特岗教师”和“代课教师”招聘是目前最常见的两种方式。然而，特岗教师由于薪酬待遇不高，福利津贴不足，难以调动教师的工作能动性，而代课教师同样因为工资福利较低，无法解决编制等问题，导致了教师的流动性非常大。在此情况下，由于财政支持不足，地理位置偏僻，生活条件艰苦，部分乡村学校基础设施建设尚不完善，教师住房问题没有得到妥善解决，生活条件太差，教学设施建设不足，使得经济落后的乡村学区处于教学人员浮动，教育质量良莠不齐的境况（朱慧芳，2016）。乡村学校在优秀人才吸引上缺乏竞争力，而现有的高能力教师流动意愿强烈，更进一步地加速了教师的流失现状，教师的流失率居高不下。在诸多压力之下，部分乡村学校甚至缺少必要的教职人员来维持学校的正常运转，教育质量每况愈下，不少村小和教学点只能无奈关停。

第二节 乡村教师流失的影响因素研究

教师离职最常见的原因包括薪酬水平低、教学资源匮乏、工作条件恶劣、家庭压力大、工作负荷高、专业发展有限等（Darling-Hammond,2003）。

Swars et al.（2009）认为乡村教师的流失主要受到五个方面的影响：共同的价值观、学生的品质、管理关系、日常生活和人际关系。为了提升教师的留职率，学校必须提供充分的支持，为教师提供实现教学目标的机会和平台，帮助教师在教育领域发展自己的职业生涯，并给予合适的薪酬水平。

Bolich（2001）认为，教师离开教学岗位是因为缺乏必要的支持，教学任务困难，工作压力过大，学校纪律问题和难以满足的日常生活需求。高中教师决定离职的原因大多是心理倦怠和缺乏行政支持（Petty et al.,2012）。Boyd et al.（2011）认为，超过 35% 的教师离开教师岗位是出于对工作的不满，教学难度过大的教师流失的概率也会更大。Ingersoll et al.,（2011）认为，如果学校可以提供更高水平的薪酬，更小的班级规模、更强的学生纪律、更多的家长参与、更多的教师权威、更多的晋升机会、更少的文书工作、更好的课堂资源、更专业的导师和更高的绩效奖励，那么原本打算离任的教师将会留下来。许多教师离开教师岗位是因为工作压力加大、缺乏行政支持和个人生活文化背景与社区文化不匹配等。无限责任、低工资和缺乏行政支持是教师流失的主要原因（Curtis,2012）。Gaytan（2008）发现，低工资、缺乏生活安全保障、专业成长机会匮乏以及对教师的指责是导致教师离任的重要因素。

选择留任的乡村教师通常具备在日常工作获得享受的能力，社区生活稳定而便利，薪酬收入足以承担家庭的正常开支。Hirsch（2006）认为，教师留任的原因包括了学校领导的支持、工资和福利、工作时长、教学资源、基础设施、社区环境、参与决策过程、专业发展机会和生活成本。前期研究者通过对有过农村学校任职经历的教师进行调研，发现留任的教师选择乡村学校生活的原因主要有三个：一是享受乡村生活方式；二是配偶在本地就业；三是学校管理者给予他们很大的教学支持。Fall et al.（2011）认为，当工作量、文书工作和案件工作量可控时，教师更有可能致力于他们的学校。Büschgens et al.（2013）得出结论，教师留任最重要的因素是校长的领导能力、金钱激励与福利、教学资源和社区文化。学校应当为教师提供薪酬奖励、福利政策、学校安全、小班额教学、资源获取、适当的工作负荷、相互尊重和专业发展机会。

乡村新教师正面临的主要外部环境问题包括乡村地区人口稀少，学校地理位置偏远，难以融入当地居民的生活方式等。不少乡村学校教育管理者认为，乡村地区在招聘和留任教师时面临的最大挑战就是偏远的地理位置、隔离的社会关系、较低的薪酬收入、教师较恶劣的居住环境和工作条件，同时由于缺乏优质的培训资源，教师的专业发展受到限制，而落后的教育理念更是桎梏了教师的培养高度，在相对刻板的人事管理制度之下，传统职称晋升的弊端不断显现出来，乡村教师的工作绩效无法被准确衡量，进一步加剧了乡村教师的流失。

对教师特征进行研究有助于研究者理解教师背景特征对乡村学校教师流失影响的途径。前期研究者发现，从教师年龄与任教年限来看，年龄越小、任教年限越短，教师的流失概率越高（Nguyen et al.,2019）；从专业领域和教师教育背景来看，特殊教育专业的教师和研究生学历的教师流失概率更高（Imazekia,2005）。除此之外，教师的在校培训经历、教学经验、个人能力和职业成就对教师个人的离职决定都产生了较大的影响。

Fall（2010）认为，要降低教师流失率，需要具备以下因素：为新任职教师提供丰富的教学资源和详细的入职培训计划，可支持职业发展的工作环境，注重教师能力成长的校园文化和强劲的行政支持，适当的工作压力。学校管理者要注重教师能力和工作任务的良好匹配，为新任职教师分配合理的工作任务，并设置明确的工作目标，给予相对自由的环境，及时反馈积极的态度，并帮助教师与学生家长和其他教师同事之间建立良好的互动关系。学校还可以通过简化文书工作、设计精心的在职培训项目、安排教师的休息室等途径为新任职教师提供工作和生活的便利。

在梳理前期研究者成果的基础上，本研究认为影响乡村教师流失的因素主要分为八类，分别是财政投入、社会隔离、行政支持、教师培训、文化氛围、工作压力、心理因素、政策环境。

一、财政投入

《国家中长期教育改革和发展规划纲要（2010—2020年）》中期评估“教师队伍建设专题评估报告”指出，教师薪酬水平同社会其他行业相比普遍偏低，工资增长幅度不高，教师的福利待遇与教师应有的专业地位和社会价值相比并不匹配，在当前薪酬水平之下，教师职业缺乏应有的吸引力，无法发挥出教师的职业效能。国家制定的均衡政策和乡村地区优惠措施多半无法在乡村地区真正落地实施。由于经济欠发达地区财政经济不足，乡村教师的福利政策也难免打折扣。对于乡村地区最常见的教师招聘途径，定向生和免费师范生计划,也很难在西部地区发挥出最大的作用,要么无法找到足量的学员，要么学生毕业之后不愿意返回乡村地区任教。

与赫茨伯格的动机理论一致，无论是在职教师还是职前教师都认为，不充足的薪酬水平是影响当前乡村教育就业的重要因素，经济因素加重了教师对职业的倦怠感，或阻止了人们入职教师行业。与社会其他行业同学历的劳动者相比，教师薪酬差距明显。在这一广泛认可的共识之下，人们选择进入教育领域一定不是为了赚大钱，教师是否选择离开乡村学校取决于学校提供的薪酬水平是否达到了个人的最低薪酬门槛。教师理应获得一份适合生活的工资，必须解决乡村教师由于选择当前职业产生的过高机会成本问题，以此来提高人们对乡村教学的兴趣。

为探索经济因素对教育学毕业生在教师流失最严重的的乡村学校任教的影响，Tran et al.（2019）通过对南卡罗来纳州一所公立大学毕业生抽样调查发现，受访者对于在乡村学校任教的最低期望工资与当地乡村学校实际提供的教师平均薪酬相比，差距约为36.07%，受访者的最低期望工资要求与乡村学校提供的初任教师实际薪酬差距更大，约为40.36%，而事实上，受访者所期望的最低工资略低于当年毕业生平均起薪，为教师提供每年1800元的留任奖励可以降低17%的教师流失率（Clotfelter et al.,2008）。在美国，贫困地区薪酬水平最高的教师比富裕地区教师少三分之一，教师的薪酬水平在教师流失意愿方面产生了显著的影响（Nguyen et al.,2019），教师的薪酬收入越高，流失意愿越低，同时教师的工资增幅和增速对教师的流失同样产生显著的影响（Hanushek et al.,2004）。

一部分研究者认为，经济因素是影响教师流失的最大因素。受访者常常将提升教师薪酬作为改善教师流失情况的首要途径，认为奖金激励是提升新任教师留职意愿的最有效方式，乡村学校的低工资是阻碍受访者从事教育事业的最主要因素。过低的薪酬收入导致受访者感到个人价值被低估，缺乏对职业的尊重。随着高需求学科领域师资竞争的不断加剧，如果乡村学校不能提供差异化的薪酬津贴或者其他激励政策，教师的流失将成为不能避免且无法有效缓解的问题。

在编教师的薪资通常由岗位工资、教龄工资、绩效工资、课时工资、津贴奖金，在此基础上，乡村教师有一定数额的教师补贴。事实上，从教师薪酬结构可知，除了教学奖励以外，教师的绩效激励奖金占比很少。目前在广泛的公立学校中，还没有形成健全的教师退出机制，在教师资源匮乏的乡村地区，一个教学水平不佳的教师几乎很难被解聘。从教师的薪酬水平可知，绝大多数公立学校的教师薪酬水平不高，低于社会平均薪酬，与此同时，乡村学校教师的薪酬明显低于城镇教师，即使部分乡村教师确实具有成为一名优秀教师的潜质，也很难在资源匮乏，生源质量差的环境里成长起来，乡村教师越优秀，乡村学校越是无法和优质地区和优势学校竞争。这极大地打击了高能力者进入乡村教育行业的意愿。

另一部分国外研究者基于教师职业动机调查研究认为，薪酬是教师决定任职的因素之一，但不是唯一因素，有更多的教师选择将满足孩子的教育愿望作为职业成就感的动因。即便不是在乡村地区，薪酬也显然不是教师职业吸引劳动者的因素。单一经济因素无法从根本上解决教师流失问题，薪酬对于教师而言只是一种基础保障，而并非是一种吸引力。幸运的是，诸多研究结果表明，高校毕业生愿意以低于他们当前职业预期的起薪进入教师职业，然而过低的薪酬水平将会显著降低毕业生的就职意愿。因此，如果不能对教师的薪酬作出更实质性的改变，那么高能力水平的教师将更加难以招聘到。

除了薪酬福利，学校资源也是影响教师流失的重要因素。对于新教师而言，如果学校无法提供丰富的教学材料，教学难度将会进一步加大。然而事实上，在经济贫困的地区，学校教学资源匮乏反而是常态，教师常常需要依靠自身，甚至自费来寻求技术支持和课堂资源。在基础设施难以保障的情况下，部分教师感到“巧妇难为无米之炊”，个人能力无法得以施展，学生学业水平难以提升，这在一定程度上打击了教师的自信心，加重了工作倦怠感。在此情况下，流失的不仅有教师，同时还有当地学生，在长久的“离农”思想熏陶之下，乡村学生努力奋斗的动力之一就是离开他们所在的乡村社区。在教育经费短缺的大环境下，小规模学校完善基础设施的难度较大，只有极少数的学校可能获得社会基金支持或捐赠，大部分乡村学校教师均感到资源不足，对日常教学造成较大影响，进一步加剧了工作负担。此外，由于经济落后，资源匮乏，乡村地区缺乏更多的职业发展机会。因此大力发展乡村地区经济可以重振年轻人返乡的激情，同时也有助于留住乡村学校的教师。

二、社会隔离

学校地理位置和社会隔离在乡村地区教师流失问题上起到了重要的作用。Cowen et al.（2012）通过研究阿巴拉契亚学校的地理隔离对教师配备和留任问题产生的巨大影响时发现，阿巴拉契亚地区的教师很少跨地区流动，教师离开教学岗位前往其他行业的可能性更大。然而基于国家级的数据研究却发现，城乡之间的教师流失并不存在显著的差异，甚至在一些调查研究中，乡村教师的平均流失率低于城市地区（Donaldson et al.,2010）。因此，有研究者认为，教师流失的变化并不是单纯地根据城市和乡村的差异来划分，而是具体地研究背景和当地的教师劳动力市场来划分的，这一问题产生的原因在一定程度上可以归结为学校位置的地理隔离。乡村地区是地域赋予学校的天然地理属性，教师是职业赋予学校教职人员的后天社会属性，天然的地理属性却为后天的社会属性带来了人文隔离，加深了乡村教师的孤独感受（唐子超，2022）。

研究者认为地理位置对乡村教师的不利影响主要体现在四个方面：一是社会隔离，乡村地区人口结构目前出于两极分化的状态，留守的儿童和老人较多，中青年大多进城务工，入乡任教的教师在当地交友或婚恋的难度比城市地区大很多，且外乡教师大多交际交友圈依然停留在原地，共同前往乡村地区的概率较低，更加加重了教师的孤独感受，教师对于情感的渴求加剧了教师流失的意愿；二是家庭异地，许多偏远山区学校由于受限于经济、交通发展，入乡教师返家条件不便利，中青年教师照顾父母和子女难度很大，家庭交流减少，很难得到家人的理解与支持，容易产生较多的亲子问题或婚姻问题，为教师的全心全意工作带来了较大阻碍；三是购物障碍，偏远乡村地区学校往往与市中心距离较远，地广人稀，缺少娱乐场所或大型购物商场，图书馆、医院等公共服务机构的建设滞后，教师缺乏专业发展、知识补给和日常生活的空间，给许多城市背景的年轻教师带来了较大的生活不便利，很难融入乡村生活；四是天气影响，乡村生活带给教师的改变不仅体现在情感和生活上，更加体现在身体和健康上。对于部分城市教师而言，乡村地区的气候和天气可能与教师原生活地相差较大，如果教师的饮食习惯和身体状况难以适应这种地理环境的改变，就会容易出现水土不服等症状，给教师的身体健康带来不利的影响。

许多教师认为，一旦分配到乡村学区就会被社会系统忽视（Cobold, 2007）。这种忽视一定程度上来自于与同专业朋友和教育机构之间的社会隔离，当地社区成员对新任职教师的不认可被认为是主要的消极因素。社会隔离状况严重的地区在教师招聘和教师留任上遭受了更加严峻的挑战，偏远的乡村想要留住优秀的教师需要付出更大的努力。年轻教师更容易受到隔离所带来的不利影响，对于想要追求生活新鲜感，热衷于人际交往的年轻人来说，偏远而简单的乡村生活几乎不具有任何吸引力。另一方面，靠近城区的乡村学校通常能在一开始吸引到年轻教师，随着时间的推移，年轻教师流失的情况会趋向于越来越严重，不少新任教师将城郊的乡村学校看成是提升教学能力的初始平台，当年轻教师积累了足够的教学经验之后将流向城区的高薪学校。有别于城市学校，乡村学校教师的留任更像是一个扎根乡村文化的问题。

三、行政支持

在教师未获得直接的国家行政支持情况下，学校管理者所展现出的领导能力对教师的专业发展和留任意愿产生了重要的影响。研究表明，新任职教师十分重视教学的组织结构，他们对学校管理者和校园文化的看法以及自身在学校的教学裁量权在很大程度上决定了他们的留任意愿。Kukla（2009）的一项研究表明，工作环境，如校园氛围、课堂自主性和行政支持对新任教师在第一年的留职意愿产生了显著影响。教师从学校管理者和其他教育行政部门得到的支持是防止教师流失的保护性因素。虽然在 Kukla et al.（2009）的研究中，行政支持对教师流失的影响并不显著，但是从结果上来看，增加行政支持也在一定程度上减少了教师流失的数量。以合作和教师参与决策为特征的支持型氛围学校，新任教师的留职意愿和组织承诺意愿均会更高。

Tran et al.（2020）通过对乡村教师留职意愿调查访问认为，影响乡村教师流失最重要的因素是学校的行政支持，学校管理者向教师提供的支持影响着教师留任与离职的决定。Boyd et al.（2011）将行政支持定义为“校长和其他学校领导使教师的工作更容易并帮助他们改进教学的程度”。流失的乡村教师普遍反映，导致他们离开乡村教学岗位的一个重要原因就是缺乏学校支持，这包括了基本教学设施和资源匮乏、专业支持缺失、领导者管理不善和学生纪律混乱等问题。此外，乡村教师过多的非教学性任务同样带给教师一定的负面影响，部分教师要花费大量的时间来应付来自管理部门的检查工作和文书计划工作。在资源有限的乡村地区，学校的行政支持是减少教师非教学性职责和任务的一种方式，缺乏行政支持将进一步导致教师的价值被低估，工作负担将进一步加剧。

领导力被认为是影响工作满意度的特征之一，领导者应该直接参与学校活动，制定合理的目标，鼓励和吸引组织成员为了实现共同的目标而努力，强迫和命令只会起到相反的效果。Brown et al.（2009）对一个学区的校长进行了调查，因此来探究不同学校之间教师招聘与留任策略的不同特征。研究发现，强有力的支持型领导可以吸引并提升教师留任的概率。校长的管理风格会影响校园文化氛围的变化，与学生的学业水平、教师的专业发展和工作满意度息息相关，直接带来了教师的士气和工作绩效的改变。当校长成为一个无效管理者，缺乏组织和计划能力，无法为教师提供足够的专业支持时，将会带给年轻的乡村教师巨大的压力，校长的管理能力是影响教师流失的显著因素。Jorgenson（2002）采访了37名校长，认为学校的管理决策参与度和积极的校园文化建设显著地影响了教师的留职率。教师对乡村学校的付出程度和学校管理者对乡村教师的专业支持是导致不同地区乡村教师流失率差异的重要因素。

管理者对于教师的行政支持主要体现在组织督导、参与决策和有效沟通三个方面。

组织督导可以认为是通过与教师合作来维持和提高教学效率的活动。组织督导通常包含两种方式：监督和指导。监督一般以任务为导向，包括行为约束、工作报告和组织协调等，而指导一般以人为本，包括支持教职人员在学术、专业和道德方面的成长。因此组织督导除了对教学进行评价之外，还涉及促进教师的专业成长与发展，选择和修订教育方案，撰写教学材料和改进教学方法。校长应当对学校的所有课程计划安排、教师的专业成长和工作效率负责，因此校长的督导工作效率影响了教师对教学工作的态度，从而改变了教师的工作满意度。

决策是教育管理的主要功能之一。学校管理者需要在分配稀缺教育资源、招聘教职人员、维持校园纪律、培训教师专业技能、改进教学方法等方面做出决定。小组或参与式决策可以在一定程度上提升组织成员的工作满意度。一方面集体决策可以收集到大量的资料，参考多样化信息，使团队有更宽广的视角，制定更多的替代解决方案，另一方面，参与集体决策的个人通常会对最终的组织决定产生更高的满意度，并有更大的概率支持这项决策的实施。除此之外，参与式决策还有助于教师就与自己专业相关的问题自由交流。教师参与式管理是一种道德权利，因为教师在学校组织中投入了精力与时间，这有助于减少教师在学校组织生活中的疏离感。

同时，有效的沟通至关重要，如果缺乏管理者的行政支持，就算是资深教师也无法自由表达教学观点。管理者的行政支持就像是为教师敞开大门，使教师的观点可以自由抒发，并得到鼓励与赞赏。管理者的行政支持除了营造一种开放的氛围之外，还能帮助教师在一定程度上避免受到人事纷争的影响，同时有利于教师在专业上得到长远的发展。有研究报告表明，部分乡村教师选择离开教师岗位是因为学校管理者反对教师进一步攻读研究生学位。

最后，良好的行政支持能为教师选派优秀的导师，帮助教师解决行为管理问题，建立自我效能感和自信心，并找到创造积极校园环境的方法（Bennett et al.,2013）。行政支持可以使教学任务更容易完成，教学成果更让人满意，这降低了教师的工作负担，有助于教师做出留任的决定。但是前提是，导师必须有足够的时间和意愿为新教师提供指导和关怀。新入职的乡村教师需要的不仅仅是教学上的导师，他们更需要有经验丰富的前辈带领他们更好地适应学校工作和当地生活，指导他们快速进入课堂，获得教学成就感。强有力的学校支持可以降低 50% 的教师流失率（Smith,2004）。专业指导、校园文化和管理者领导力有机结合是缓解教师流失的主要因素。

目前，部分校长并未将学校教师队伍建设和校园文化建设放在一个非常重要的位置，因此校长的持续化专业发展和教师培训一样重要。学校校长作为管理教师的第一责任领导，需要以战略性、具体性和持续性的方式来完成教师留任任务。学校管理者需要制定长期而稳定的教学支持，应当将教师培养项目和新任职教师入职培训项目通过文件正式化，使之成为学校管理文化中的一部分。学校管理者应当转变对乡村教师工作评价的方式和教师工作任务分配的方式。由于承担过重的教学任务、过多的管理任务，在缺乏足够的教辅人员的情况下，缓慢而舒适的乡村生活文化和迅速而紧张的乡村学校文化形成了鲜明的矛盾。

四、教师培训

缺乏职业发展是劳动者离职的主要原因，其次是缺乏新的挑战、对薪酬水平不满和缺乏培训（Donaldson,2010）。教师同样如此，在当前薪酬水平低、职业声望下降的困境中，大多数教师的激励因素是有机会提高自己的学术水平和获得更好的职业发展。工作特征和组织承诺具有较强的相关性，职业发展是预测组织承诺最有力的预测因素。早在 1992 年，Aryee et al. 证实组织发展机会是职业承诺的主要动因之一，而这种组织承诺又和技能发展相关。学校内对良好职业发展机会的感知是新任教师组织承诺的重要影响因素，因此，让更多的教师获得职业发展和技能提升的机会，对乡村教师留任非常重要。

许多乡村学校由于人口稀少，地理位置偏僻，使得他们获取优质教育资源的难度大大增加，申请前往乡村学校的新任教师规模远远不能满足实际需求，学校也缺乏提供有竞争力的薪酬收入和有发展前进的培养项目的能力。而这一情况在特定地区的特定学科领域表现得更加突出。

高质量的入职培训计划是学校培养教师最有效的方法之一。许多乡村教师在前往乡村学校任职之前对乡村的教学背景和乡村学生的教育需求一无所知，教师突然面对一个完全不同于以往培训背景的教学情境时，会感觉到格外不适应。因此诸多新任职教师在初次面对乡村学生时感觉以往通过课程学习的教育学理论知识并不能应付当前的教学困境，这在一定程度上加重了年轻教师的受挫情绪。前期研究者认为，无论是通过课堂教学还是乡村教学实践，年轻的准教师们都应该针对未来的教学情境接受有针对性的培训，让他们有更多的机会了解乡村学校的教学实际。这些经历可以在一定程度上帮助教师对抗与乡村有关的诸多负面标签，这些负面标签严重打击了年轻教师对乡村学校任教的意愿。

Petty et al.（2011）对北卡罗来纳州进行研究发现，中学教师建议为新任职教师提供与课堂管理、实践经验、人际关系发展和教学项目相关的课程。有乡村课堂教学经验的职前教师更有可能在乡村学校留任，提升教师在高需求教育环境中的胜任力有助于降低教师的流失概率。Fall（2010）认为，教师的职前准备和专业匹配对教师的组织承诺产生积极的影响。能够获得充分教学资源来提升课堂教学效率的教师更倾向于在教学岗位上留任。

然而，目前高校和各类教师培训项目都缺乏针对乡村教育背景的培训项目。美国一项关于教师乡村任职意愿调查发现，尽管约 59% 的受访者表示，他们在教师教育项目的某个阶段曾在乡村学校旁听过一堂课，但只有约 11.5% 的人提到在乡村学校的实习经历。在那些曾在乡村学校实习的受访者中，只有一人对自己在乡村学校工作的意愿表示“有点不同意”，而其余的人则表示不同程度的同意（即 50% 的人表示有点同意，17% 的人表示同意和非常同意）。这些回答似乎表明，为培训教师提供更多的乡村学校环境，将增加他们选择在乡村学区工作的可能性，针对具体情境来对教师进行专业培养对加强乡村教师队伍机制建设来说非常重要（Tran et al.,2015）。

前期研究者主张加强乡村学校和大学教师之间的合作，以便更好地安排高校教师进入乡村地区完成教学实践。在乡村学校设立教学试验点，有助于帮助师资匮乏的乡村吸引并留住高水平教师。教学实践扩大了乡村学校为学生提供支持的能力，参与实践的学生通过合作教学的模式可以帮助乡村学校提升教学水平。此外，基于乡村实践背景的培训项目更适合培养出满足乡村教育需求的优秀教师。许多参与调查的乡村教育工作者表示，职前教师如果不能针对乡村教育特征提前做好准备，将会难以适应高需求的教学要求。许多教师皆是因为缺乏学校的专业支持，从而主动或被动离开乡村教学岗位。

好的入职计划可以帮助教师快速适应新的教学情景，减少不必要的教学负担和课外负担，通过与经验教师交流互助，新教师的专业发展将得到快速提升，愿意承担指导工作的经验教师，在工作时间之外对新教师进行帮助应当获得管理部门的额外津贴补助。研究者认为，忽略年轻教师的流失，旨在扩大教师供应的策略不太有可能改善乡村地区的教师队伍建设。要保障乡村地区有足够数量的合格教师来适应学生的教育需求，一个最有效的方式就是推行高质量的教师培养项目，以帮助教师在长时间内获得专业提升的保障。

一个高效的入职培训可以显著降低乡村教师的流失率。对于刚刚踏入教师行列的年轻教师而言，能否在学校获得教学支持，是否有能力来适应学生的教育需求,或许是他们最为关切的问题,第一个教学年对年轻教师来说尤为重要。因此，一个高质量、高效的入职培训计划可以在一定程度上提升教师的留职意愿。巧妙的财政激励措施可能对新任职教师产生吸引力，但是只有改善教学条件，提升校园文化建设，加强专业支持才能从长远来看产生降低教师流失的效果。

最后，有研究者认为乡村学校缺乏进入大学校园的机会，同时高校教育课程缺乏乡村教育背景的项目，这是人们普遍对乡村教学不感兴趣的主要原因。赋予教师一定的权利，挖掘每一个教师所拥有的潜力，并发挥出他们应有的价值，这对教师留任非常重要。高等教育机构可以通过增加职前教师的自我效能感来帮助乡村地区改善教师流失问题。补充具有乡村地区特征的教育培训可以提升教师乡村教学的知识储备，帮助教师提前了解乡村学生所面临的各种问题。目前，很少有高校针对不同环境、不同教育特征来制定定向的培训项目，如果高校能够推出为乡村教育量身定制的课程，将有助于克服乡村学校就业的不良冲击和不利因素。

五、文化氛围

劳动者的工作情绪和工作绩效受到外界环境的显著影响，而文化氛围是外部环境的重要组成部分。教师感受到的环境氛围主要来自两个方面：校内文化氛围和社区文化氛围。

当教师面临离职和留任的选择时，学校的环境通常包含两个方面，一是学校的人文环境，二是学校的基础设施环境。学校的校园文化是一个不可忽视的影响因素（Brown et al.,2009），教育管理部门和学校行政部门营造出的校园工作环境是教师降低组织承诺的主要因素（樊改霞，2019）。消极的校园文化氛围通常会带来较高的教师流失。冲突性的师生关系和冷漠的同事关系都将极大地削弱教师的心理安全感，加重教师的职业倦怠，对学校管理者不满意的教师更容易流动到其他学校。同时，基础设施建设不足将会导致教师很难有效开展教学工作，工作和生活的双重不便利会在一定程度上加重教师的隔离感。在教职人员难以配备齐全的乡村学区，工作条件越是困难，教师就越是难以留任。

乡村社区可以在留任教师方面发挥重要的作用，更紧密的社区联系是乡村教师留任的基础，同时乡村社区居民也是愿意扎根乡村教学的潜在教师重要来源。虽然低收入乡村地区的学生一直在努力追赶那些经济发达地区的同龄人，但是这些学生仍然具有非常显著的本地知识体系与乡村文化特征，这是他们日常生活和习惯的重要组成部分。教师被要求向所有学生教授相同的课程和知识技能，但是在部分偏远和民族地区，如果教师不能正确的了解当地的文化背景和知识结构，那么这种困难将是加倍的。教师不仅要为学生提供知识和经验，有时还要承担起为人父母的责任。许多来自城市的乡村教师，此前从未在乡村地区生活过，并不了解学校和乡村地区的社会文化、当地习俗和居民期望，无法很好地适应乡村学校生活。对于许多教师而言，满足不同学生的额外非教学性需求带来了更多的压力，同时也会带来职业倦怠，这使得乡村教师离开学校，前往优质生源学校的概率大大提升。

不同于很多社会大众对乡村地区的负面看法，许多留任乡村学校的教师看到了乡村学校教学和生活的优点。许多人认为乡村社区轻松的氛围和慢节奏的生活是他们愿意留任的重要因素。更单纯的人际关系、更亲密的师生情感、更浓郁的教学氛围，这都是乡村学校更具吸引力的特征。国外诸多关于乡村教师生活状态调查结果显示，不少教师感到在乡村学校实现了自身的人生价值，每一分努力都得到了积极的回馈，即使学生离开学校都保持着亲密的联系，这极大满足了教师的职业成就感。

六、工作压力

Bennett et al.（2013）研究认为，许多教师选择离开是因为工作负荷太大，事无巨细的学校要求，烦琐复杂的文书和记录工作，大量的会议，标准化的评估，超出职责范围的任务和缺乏休息时间等。青年教师在工作的初期，由于受到使命感和责任心的影响，大多怀抱着教书育人的热情，重视学生的身心健康与全面发展，但是随着教学工作日益繁重，管理部门核查指标日益严格，学生升学压力日益增大，教师的职业倦怠感与日俱增。

对于乡村教师而言，这些问题可能比城市教师所面临的更加突出。有80% 的 30 岁以下青年教师表示，不愿意留任在乡村学校继续任教（唐子超，2022）。相比于城市教师，乡村教师最常见的压力就是需要承担更多的非教学性工作，教师的考评压力和各项审查压力日益增加，教育管理部门对教师问责机制的强调同样导致了教师工作压力的上升，这些压力都对教师的流失产生了显著的影响（Flook,2013）。当外地教师不能较好地适应乡村生活，长期远离家人和朋友时，那些无法在专业发展和乡村生活中找到乐趣的教师就会选择离开。除此之外，相比于城市学校，乡村教师的日常工作可能更加复杂，由于留守儿童的比例较高，教师有时不仅需要负责学生的课内学业，还需照顾学生的课外生活，由于部分乡村家庭父母教育角色的缺失和教育理念的差异，部分乡村教师在家校沟通方面可能需要投入更多的时间与精力。同时，小规模乡村学校由于编制数量紧张，学校教辅人员无法配备齐全，音体美等艺术学科教师资源更是稀缺，乡村教师时常需要兼任多项工作职责，承担更多教育责任,工作内容繁重,精神压力较大。前期研究者的调研结果显示，中小学教师的周工作时长平均达到 54.5 个小时，远超法定工作时间。

区域经济发展越落后，学校学生人数越少，教师的流失率越高。乡村小规模学校由于招生困难，教师数量少，学科教师往往被要求兼职多门课程或者兼任多个岗位，导致教师授课专业知识储备不足，工作压力过大，同时教学水平无法保证，进一步削弱了学生的教育质量。与此同时，政府和教育部门不断强调提升教育质量，加强教师责任，进一步加重了乡村教师的心理负担和工作负担，加剧了乡村教师的职业倦怠感受。

七、心理因素

除了外部环境恶劣，经济资源匮乏等物质因素之外，乡村教师的身心健康同样是影响教师流失的重要因素。目前乡村教师普遍反映工作压力过大，教师参与专业培训的兴趣不高，乡村教师补偿性福利政策落地性不强，职业满意度过低，教师无法享受到与其工作价值成正比的社会地位和组织评价。

教师的心理弹性被认为是维持和发展教师专业能力的必要性格特征，是在教师的职业生涯中，遇到不同背景、不同变革时期所表现出的适应能力

（Mansfield,2019）。教师的心理弹性不是与生俱来的。而是可以通过自我学习来发展和加强的。教师的心理弹性与教师维持其教育目的和应对日常教学情境中所有不确定、不可避免的意外状况能力密切相关。教师的心理弹性有助于缓解职业压力的负面影响，帮助教师获得更多的幸福体验。教师的职业认同和工作满意度是影响教师心理弹性的两个重要的影响因素（Huysman,2007）。

职业身份可以被认为是“我们理解自己的方式，以及我们向他人展示的自我形象”（Day,2011）。职业身份构建被认为是一个持续的、动态的终身过程。它与一个人的价值观和个人、社会、认知经验有关。教师职业身份构建是在实践参与和持续的集体学习中形成的，这是一个与特定空间和特定地点有关的动态和流动的过程。学习并非一个独自的个人过程，它是处于特定社会、文化和历史背景下的互动过程（Farnsworth et al.,2016）。当人们参加一个特定的社群活动时，他们通过三种认同模式来表达他们的归属感：“参与、想象和一致”（Wenger,2010），这三种模式交互作用，彼此影响。本我与他人接触，与外界共处，成就了自我。教师的职业认同是在参与社会实践中形成的。想象是自我反思和构建实践形象的过程，以便个体能将自己定位成为一个特定的角色成员。自我与社会期望的一致保证了个体的行动始终朝着社会团体所期望的目标前进,最终,集体身份成为其成员个人身份的一部分。通过参与，个体将共享实践经验，基于相似的身份，在协作学习活动中建立相互依存的关系。这不仅仅是共同参与集体活动，社群成员因为共同发展的理念主动走在一起，将会进一步促进彼此角色身份的建构。这就是教师自我身份构建和认同的过程。

教师职业认同感的形成受到三个方面的影响：个人经验、专业背景和外部政治环境，并在特定工作场所的教学实践中得到发展（Mockler et al.,2011）。从职业认同的主要维度，即职业意识、职业能力、职业情绪和职业期望出发，积极心理学提倡建立角色榜样，强调工作者应该清楚和了解自己的角色和任务以及相应的责任、目标、权利和相关信息。王鉴等（2017）认为提升教师薪酬，改善教师福利待遇只是缓解教师流失现状的“标”，提升教师职业认同感，刺激内在职业驱动力才是“本”。提升教师的留职意愿，解决乡村学区教师空缺问题必须加强外部政策环境保障，增强教师与当地文化融合，激发教师的责任感与使命感，才能“标本兼治”（吴梅等，2017）。

不少教育学类大学生当考虑在师资匮乏的乡村学校任教时感到犹豫不决，他们对自身的能力是否足以适应乡村学校的高需求教育表示怀疑。当面对低水平学业成绩学生时，这份怀疑足以降低职前教师的职业认同感。这也是职前教师不愿意留任乡村的原因之一。

教师的工作满意度是提升教师质量的关键因素，就教师队伍的稳定性和对教学组织的承诺而言，教师的工作满意度不仅有助于提升教师的工作积极性，也同样有助于学生的学业和发展。工作满意度可以被认为是一种愉快或积极的情绪状态，它来自个体对于工作的认可。人们加入组织工作的一个主要原因是为了满足他们的个人需求。对于组织管理者来说，工作满意度的衡量标准是组织成员最重要的工作信息。

学校的工作环境也可以被称为教学环境，教师的工作满意度受到行政支持、学校氛围和学生行为等工作环境的影响，任何学校都可以从这三个方面影响教师的工作感受和生活感受。研究者认为，工作中不快乐的感受可能并不一定来自工作本身，而是围绕着工作环境。在学校里，这些因素包括了基础设施建设、餐饮条件等物理条件和人员支持等心理环境。学校管理者建设的积极校园文化在改善学校环境方面发挥了重大影响力。不少乡村教师对职业的满意度很低，离职意愿很强烈，这是由于他们缺乏了解学校组织结构的效能，无法发展有效的学校关系，并做出组织承诺。学校管理者有责任帮助教师更好地适应当地生活，并为教师提供更好的专业发展。积极心理学认为积极的组织关系是个体积极情绪体验的重要领域，积极的工作制度是核心内容，有助于提高个体工作满意度。

工作认同是满意度的主要决定因素，当组织成员感到管理者诚实、公平、具有较高的领导力水平时，他们的工作满意度会得到一定程度的提升。研究者将认同定义为非经济激励。称赞和认可能够有效激励员工，从而提升工作满意度。员工有认同的需要，管理者对员工完成的工作给予表扬，对高绩效的专业成员给予管理层的支持，有助于维持工作的意义。当教师缺乏晋升机会与工作认同时，将容易产生不满情绪，导致教师流失，通过晋升和其他奖励措施来提高教师的职业认可度，可以有效缓解教师的流失意愿。

八、政策环境

基于公共政策理论，政策的实施主要包含两个过程：一是政策的文本工具运用过程,在此过程中,地方政府将上级政府颁布的政策法规进行文本拓展，结合地方实际和政策法规颁布原则和目的进行再决策；二是政策的落地实施过程，在此过程中，各部门依据岗位职责对政策要求进行落地实施以保障政策目的的实现。政策的落地实施依赖于地方政府的政策再制定。为了推动义务教育优质均衡发展，保障各地师资配备，中央政府围绕乡村教师队伍建设出台了诸多文件，但是各地教育管理部门对中央政策文件的文本解读限制了乡村教师倾斜优惠政策的具体落实。

一是政策制定力度不够。王艳玲（2018）认为当前出台的有关缓解乡村教师流失的政策尚存在着诸多不足。命令性政策涵盖面有待加强，激励性政策力度有待提高，舆论导向性政策效果仍然不足，变革性政策可操作性缺失。除此之外，宏观指导性文件过多，明确具体操作的改革措施较少。不同乡村地区之间存在着较大的经济和地域差异，但是乡村教师的政策补助差异则较小。

二是政策效果差强人意。政策国外部分研究者认为，目前施行的政策方法并不能起到有效提高教师教学质量的作用。如全面提高教师薪酬水平、改进培训策略和提升教师任职门槛等传统途径都没有从根本上解决问题。更有研究者认为，许多管理政策在实施之后，收到的效果却与政策制定者原本的目的背道而驰。如减少班级规模这一提升课堂效率的措施有可能在一定程度上进一步降低乡村地区和贫困地区的教师质量，加剧教师匮乏问题，因为经济优势学区可以通过从经济弱势地区招聘高能力教师来扩充本校的师资团队（Leigh et al.,2005）。如带薪脱产学习政策，不少学校为教师提供带薪的脱产学习机会以帮助教师提升专业素养，获得更高等级的学历文凭，但是有研究表明，大部分教师在完成了学业之后并不会回到原岗位继续任教，这使得原本的激励教师留任政策适得其反。

三是政策施行落地性不强。前期研究者对各地“乡村教师支持计划”政策制定内容进行分析发现，在教师招聘和定向培养方面，均有超过一半的省份对中央文件没有进一步细化。在改善生活待遇方面，绝大多数省份都存在模糊处理，无法落地实操的情况。在津补助方面，32.26% 的省份设定了具体的补助标准，25.81% 的省份仅强调“乡村教师平均工资不低于当地公务员”，41.93% 的省份只有宏观的政策，湖南省也在其中（薛正斌，2020）。邓亮等（2019）认为政府教育政策执行困难的主要原因在于中央政府、地方政府和基层学校之间逻辑博弈的失调。在信息不对称的情况下，中央政府对于地方财政和学校困境的现实情况并不完全了解，因此给地方政府留下了政策执行的自由裁量权。出于财政资源的零和博弈，不少地方政府选择“压线走”以规避多方责任。而缺乏必要行政支持的基层学校在“高压红线”的约束下被迫“不作为”。因此乡村教师在“变通”的政策执行之下难以获得最大收益。

第三节　乡村教师流失的政策治理研究

尽管为了推进教育质量的提升，政府和教育管理者制定了较多的政策和文件，但是其实大部分政策和文件都不能满足乡村教育的现实需要（Eppley,2009），事实上，农村教育工作者应当向政府部门明确一个合格的乡村教师所应当具备的素质，政府部门的政策制定需要考虑到不同乡村地区在高质量教学方面所发生的明显地域差异。如果不能出台针对乡村学校和乡村地区的专项政策，那么想要促进乡村地区教育质量的提升，推动教育公平，实现乡村振兴将成为一项艰巨的任务。Patton et al.（2006）认为当研究者探索缓解教师流失的政策路径时，需要遵守五个原则。第一个原则是招聘热爱教学、热爱孩子的教师。专业素养强的教师之所以坚守在教学岗位上，是因为他们热爱教学，相信这是他们成为一名教师的光荣使命，对孩子充满了爱（Bennett et al.,2013）。第二个原则是为新任职教师选派一名高素质的导师。学校管理者应当确保所选派的导师能够为被指导者带来积极的工作体验。第三个原则是支持教师处理课堂和学校的问题。新任职教师的第一年学校工作往往充满了陌生和挑战，但是如果有了适当的支持系统，这些困难所带来的不适感将会降至最低。第四个原则是对新任职教师进行课程和教学策略的培训。教师应具备必要的资源，获得基本的培训，为学生提供有效的教学。第五项原则是赋予教师应有的权利。感觉自己在学校决策过程中具备发言权的教师将会更有可能在教育领域长期任教。

因此，有效的政策路径应当包含四个方面的特征：一是乡村学校必须建立教师继续教育和专业技能培养的体制机制；二是向教师提供奖励资金，支持教师完成更高学位进修；三是增加职前教师深入乡村学校进行教学实践的机会，沉浸式乡村生活体验有助于教师的长期留任；四是联合社区、高校，挖掘社会资源支持与资金支持。

目前世界各国在乡村教师流失问题防治上主要从两个方面探索可行性路径：一部分地区采用财政激励。有针对性财政激励是吸引专业人士从事公共服务工作的可行性策略（Steele et al.,2010），最常见的财政激励包括了所得税减免、搬迁补偿、住房援助、签约基金、留任津贴、贷款减免、奖学金、高等学位学费援助、提前退休激励、教学奖金和学校绩效奖金等；而另一部分地区可能使用非财政激励。非财政激励则包括了减少教学负荷，保障小班额教学，足量的教学支持性人员，充沛的教学时间，长远的发展规划，参与学校规划决策，志同道合的同事等。国外一些学校已经制定了“自我成长”的策略，如学校俱乐部，鼓励当地学生返回家乡任教，为有潜力成为教师的社区居民提供激励。

一、国际经验

（1）加大财政投入

美国《不让一个孩子掉队》法案，明确规定增加乡村地区财政投入，通过政策优惠和薪酬激励吸引和留住高能力人才，搭建资源共享和经验交流平台，设定相应的奖励机制和培训项目。

得克萨斯州东部农村的教师住房计划成功降低了当地乡村教师的流失率。卢斯克市政府提供了 20 英亩土地，委托非营利组织建造了一个 32 户的综合住宅区，为教师的日常生活提供场所。该计划实施之前，由于缺少住宿条件，当地的教师流失率一直居高不下，计划实施以后，综合住宅区的房屋以每月

400 到 700 美元的价格出租，为当地教师的生活带来舒适的体验，同时未给学校增加任何经济压力，最大效率地提升了教师的留职率。

阿肯色州教育部门推出多项激励政策来缓解当地乡村教师的流失。如贫困小规模学校奖金激励项目、教师住房发展项目和教师培养项目等，尤其是在数学、科学和特殊教育等高需求领域，管理部门对学科教师给予优先奖励政策（Maranto et al.,2012）。在贫困小规模学校，新任职教师在完成第一年工作后会获得一次性的 5000 美元奖金，完成第二年和第三年工作后会获得 4000 美元奖金，之后会获得 3000 美元奖金，在贫困小规模学校表现优秀的教师将获得贷款和首付款的政策优惠。在师资短缺的地区，教师可以获得每年 3000 美元的贷款减免。少数民族地区额外获得 1000 美元的贷款减免。

密西西比州针对教师住房问题推行了教师住房计划，该计划向资源严重短缺的地区教师提供无息贷款，为在乡村实习任教的学生减免贷款利息偿还额。同时,为促进乡村教育发展投入大量财政资金。一方面设立教师专项基金，为教师培训深造提供奖学金支持，另一方面推出教师房贷和房租减免等优惠政策，保障教师的生活质量，解除教师的后顾之忧。

“小型农村学校成就计划”为乡村学校发展提供专项资助。这些偏远小型乡村学校可以通过申请补助金来提升教师的留任率，包括支持教师的专业发展、招聘新教师和对优秀教师进行薪酬激励。2011 年，该计划为美国 4000 多个地区支付了 8600 万美元的专项资金。除此之外，“农村低收入学校项目”为无法获得“小型农村学校成就计划”资金支持的学校进行帮扶，2011 年，该项目为 1200 个地区提供了 8700 多万美元的资金支持（Yettick et al.,2014）。

澳大利亚通过财政支持和就业干预来缓解乡村教师的流失，强化教师队伍的稳定性。根据学校所在地理位置，为教师提供 50% 至 90% 不等的住房补贴,偏远乡村地区的住房津贴可达 5000 欧元。推出偏远乡村教师奖励项目，为乡村岗位的教师提供高额的薪酬补助。设立培训专项,保障教师的专业发展，并为特困地区任教的教师制订专业发展计划，并提供培训资金支持。设立休假制度，缓解教师的精神压力。有条件的地方政府为乡村教师的住房和交通提供资金支持。

为了进一步保障乡村教师权益，法国为乡村地区任教人员提供 30% 的薪酬涨幅，作为教师在偏远地区奉献的奖励与补偿。日本与韩国通过转移支付和政府统筹保障贫弱地区教师的财政补偿。瑞典改革教师工资结构，打破传统的单一序列形式，依据市场需求和教师能力，为贫困地区的稀缺专业教师制定有针对性的工资，以此来保障教师的工作积极性。加纳的教育工作者奖励计划为在乡村地区工作并出色履行职责的教师提供一揽子激励政策，减轻贫困地区教师的生活负担。

（2）改善教育管理

灵活的、打破地域限制和组织障碍的教师管理政策可以有效缓解小型偏远地区乡村学校的教师资源匮乏问题。日本政府率先建立教师合理流动管理制度，规定了所有公办中小学教师依据政策法规完成教师在不同地区、不同学校之间的流动工作。为保障教师权益，政府和教育管理部门对教师的流动方案、流动时长和流动程序均进行了相应的政策规定，并要求不同地区需要依照工作的内容和工作的场所为教师提供相应的福利薪酬和配套待遇（陈荣玻，2022）。

韩国为均衡教师资源在不同地区的优质分配，从 20 世纪 70 年代开始实施教师交流政策，由全国各地区教育主管部门负责建立教师和学校校长在不同地区之间的互换流动制度。教师流动期限通常限制在四年以内。

为了缓解偏远地区的师资匮乏问题，美国政府打破传统的师范生招聘方式，将教师的储备池拓展至社会各行各业。不管应聘教师是否来自高等教育学校，均需通过政府统一组织的教师资格考试，只有获得任职许可的教师才能应聘上岗。通过设立任职资格门槛来保障教师的基本素养和专业能力。

美国科罗拉多州 4 个乡村学区组成教学资源联盟，通过网络在线课堂解决当地外语教师短缺问题，一名外语教师可以同时为多地学校授课，学校的视频监控设备可以帮助教师观察所有学生的课堂状况。

高等教育机构同样可以有助于乡村校长能力的培养，在乡村校长为教师发展提供必要行政支持方面发挥重要作用。Fusarelli et al.（2012）对北卡罗来纳州立大学“力争上游”自助项目（该项目为乡村和高度贫困学校培养管理者而设立，主要内容包括制定个性化的领导者发展计划、提供乡村学校实践机会、加强乡村情景教学培训、推广乡村社区活动等）进行研究发现，变化发展的行政化支持可以帮助校长在一定程度上缓解学校的教师流失情况，强有力的行政支持可以真正改善教师的工作条件。为教师提供强有力的行政支持也会增加教师这一职业的受尊重程度，因为校长可以帮助教师免受不必要的压力和焦虑。

（3）加强教师培训

高质量的教师入职培训可以显著地降低教师的流失率（Ingersoll,2012）。为了提升教师专业素养，强化教师培训，美国政府推出多项国家计划。“全国教师留任项目”重点解决全国各地教师的留任问题。该项计划包罗了一系列教师留任激励举措，如提供入职培训、组织研讨会、发放奖金补助等。该项目针对不同的地区，基于不同地区需求提供相应的项目支持。“教师质量提升项目”旨在提高公立学校的教学标准。该计划的目的是引导教师重返教学岗位，降低新任职教师因无法适应当前的教学状况而流失的概率（Fayne et al.,2010）。

耶鲁大学国家计划将教师与导师进行配对，专业导师与教师保持多年联系，针对教师的课堂教学技巧进行指导。同时国家计划为教师定期组织研讨会，为教师思考课程内容，改进教学方法提供平台，在一定程度上激发教师的教学教研热情。

肯塔基州修订法规（161 章）对学校员工、管理人员和学校教师进行了明确要求。该法规规定所有新教师和教学经验不足两年的州外教师必须参加为期一年的肯塔基州教师实习计划（KTIP）。KTIP 项目在教师专业认证前对培训者进行全面指导和专业评估，两次评估不合格的教师无法获得当地的任教资格。该项目整合了初级教师委员会的专业资源，对新任职教师的专业发展提供支持。初级教师委员会根据地区推荐，任命优秀教师为入职培训导师，文件规定导师需要具有四年以上教学经验，具有硕士以上学位或同等学力。初级教师委员会的成员必须包含培训导师、师范类教育人员和学校校长。初级教师委员会通过与当地教师培训机构合作，为新教师提供入职培训，政府为导师在工作时间外的额外劳动支付津贴报酬。华盛顿州一个以乡村地区为主的瓦拉瓦拉县依托教师入职计划，成功将教师的流失率下降至 7% 以下。

美国蒙大拿州教育发展中心的教师在线专业培训项目为当地教师推出了

发展和教研网络培训班，通过在线课程，为教师提供解决教学困难、发展专业技能的支持性环境（Davis,2000）。加利福尼亚州圣克鲁斯的新教师中心为初级教师、经验丰富的专业教师、教授、学校管理人员提供网络在线指导，该项目包括了新生入学指导、日常教学指导、考试研讨和管理者领导力培训等。

Katy（2015）通过对危地马拉的乡村和本土学校的教师指导项目进行验证，发现教师指导可以成为培养乡村教师和稳定乡村队伍的有效途径。Anni et al.（2015）研究了教师导师制和视频教学指导对尼加拉瓜乡村小学教育水平的促进作用，认为教师之间的协作与支持模式可以为传统的课堂教学提供灵活多变的方式，对乡村教师的专业发展和学科知识建设起到了积极作用。

一项土耳其教师的职前培训项目显示，经过在美国 2 个月的国际教学和文化体验，土耳其教师的专业和个人发展得到了明显提升。通过与导师、其他学生和当地社区的跨文化交流，职前教师增长了他们对新文化的知识，适应了新的工作环境（Armagan,2016）。基于跨学科教学实践，国外研究者正在探索一种全新的方式，即联合高校、社区等多方机构，跨越时间、空间来培养职前教师的方式（Gutierrez,2020）。在澳大利亚，往乡村地区派遣职前教师虽然不能保证乡村教师流失问题得到明显改善，但是通过这种方式可以增强高校毕业生前往乡村地区任教的意愿（Cuervo,2018）。

加纳的教师教育政策规定教师有职前培训和在职培训的权利。职前培训主要在高校和其他教育培训机构进行，为教师正式进入教学岗位做准备。在职培训主要包含两种模式，一是允许教师获得带薪学习的机会，学校为在职培训的教师支付全额工资；二是通过定期参与讲习班和课程研讨会来提升教师的专业知识和教学技能（Cobold,2007）。

（4）宣扬乡村优势

在社会传统的评价中，乡村地区被看成经济落后和资源匮乏的代名词，任何活动一旦涉及乡村地区，就会被人们视为一种挑战和困难，因此乡村成为教师招聘和留任的最大阻碍。然而，一些研究者认为，如果摆脱赤字模式，将乡村作为一种资产，可以将其作为缓解乡村教师流失的有效措施。提高乡村地区的教学和生活优势比提供住房援助和提升薪酬福利更加现实有效（Hammer et al.,2005）。

国外研究者所认为的乡村优势包括了享受乡村环境，改变贫困学生命运，学校管理决策权和教学授权，较少的学生纪律问题，更高的生活质量，较低的生活成本和更为融洽的居民关系。乡村学校应当结合自身优势来吸引和选择适合他们的教师。一是同一乡村地区的学生具有更相似的行为特征，教育问题具有同类性；二是小班额教学给教师提供了一对一教学的可能，因材施教等教育理念更容易得到落实；三是由于乡村学校的教师匮乏，乡村教师在学校往往具有更多的教学自主权；四是在教育管理部门的资源倾斜政策下，乡村教师的专业发展可能得到学校更多的支持。

此外，部分研究者认为乡村地区的师生关系和家校关系可能比城市地区更加融洽，相比于城市学校，小规模学校的乡村教师可以更好地了解学生和他们的家庭，并提供个性化教育服务，更加容易获得乡村学生和乡村家庭的喜爱与尊重。学校文化可以更好地延伸到社区中，成为社区文化的核心部分，学校活动可以成为社区活动的中心场所，乡村文化和乡村环境可以成为吸引教师的一个重要因素。部分享受乡村生活方式的教师认为乡村学校校园安全保障更高，学校与教师住宿地点可以更近，时间成本更低。部分本地家庭的教师认为与家人和朋友保持亲密关系比高薪工作更加重要。

美国阿拉斯加州的偏远乡村实践项目有效降低了教师的流失率。该项目为教师提供当地乡村学校教学的实践机会，帮助教师学习阿拉斯加乡村学校的名师教学课程，推动教师与当地社区友好相处，以便于教师更快适应乡村文化。该项目的实施目的在于帮助新任教师更快适应当地乡村学校的教学需求，提升乡村教学技能，使新任教师对乡村教学有了更加深刻的了解。研究者认为该项目提升了教师对偏远乡村和乡村学校的情感，改变了教师对阿拉斯加乡村教学的态度，进一步提升教师的留职意愿（Stelmach,2011）。

印度尼西亚政府联合教育部等多部门和各个社会团体制定了一个名为“SM-3T”的乡村学校项目，来支持乡村地区公共教育的发展，这些项目将印尼全国各地的年轻教师选派到乡村和偏远地区的学校任教一年，目的在于提升乡村地区学校的教育水平，重建教育文化氛围。项目实施之后，研究者发现，学校不仅成为乡村和偏远地区获取知识的场所，同时也是社区的活动中心，成为推动乡村和偏远地区教育发展的希望（Autti,2014）。由于偏远乡村无法吸引优秀教师的到来，因此印尼偏远乡村学校留下的老师大部分都是年龄较大或者能力较差的教师。3M–3T 项目可以在一定程度上帮助印尼乡村地区学校解决教师匮乏的问题。

但是部分地区为了吸引更多教师前往乡村地区任教，会加大宣传力度，有时过度美化乡村环境和学校条件，而现实和美好愿景之间的巨大落差会进一步加剧乡村教师的流失。乡村文化和乡村教育特征的理解对职前教师培养非常重要，前期研究者通过对南非一项关于乡村学校职前教师培养的教师实习项目进行研究，发现沉浸式的乡村教育体验将会在一定程度上打破教师对乡村学校和乡村学生的认知。职前教师需要实地体验来深入了解和思考如何使他们的教学方式更好地贴近乡村课程，满足乡村学生的实际需要。依据乡村特有的文化背景，有针对性地培养乡村文化认同度高的教师，基于乡村教育的特征做好职前培训将在很大程度上有利于乡村教师队伍的稳定，缓解乡村教师的流失。

美国科罗拉多州中南部乡村地区利用教师沉浸式体验项目来缓解教师的流失问题。职前教师与社区的融合度决定了教师是否有意愿在乡村地区工作和生活。在教师沉浸式体验项目中，职前教师与当地乡村学校教师、学生、和社区居民之间建立联系，在教师培训机构的支持下，获得任职资格和奖励基金。同时当地社区各个学校结成联盟，共同宣扬乡村文化，形成共享的品牌标识，对教师的招聘和队伍建设进行共同管理。通过该项目，乡村地区成功留下了三分之一的职前教师。

美国加利福尼亚州纽黑文市学校将其学校网站作为其教师招聘的有力工具。网站内容丰富和全面，向新教师展示了学校文化和教学风貌，减少外地教师因不了解学校情况而带来的信息差，缩小现实与想象之间的差距，帮助学校吸引真正认同校园文化，并愿意扎根下来的教师。纽黑文市最初只将学校网站作为教师招聘的途径，后来逐渐发展为一个全面的教师支持系统，通过网络媒介，学校成功搭建起教师招聘和入职之间，分校和中心校之间、大学和教职人员之间的沟通桥梁（Davis,2000）。

Maranto et al.（2012）调查了 50 多个面临教师短缺困境的乡村学校网站，发现大多数学校在教师招聘时没有提及非物质激励措施，如课堂教学的自由权利和更加稳固的师生关系等。只有一所位于堪萨斯州乡村地区的特殊学校在教师招聘的宣传广告中强调了包含乡村生活在内的非物质奖励，并在教师招聘活动中取得了较大成功。事实上，这所学校位于经济落后的地区，且临近学校均难以招聘到教师。

二、国内经验

（1）加大财政投入

为了帮助教师“下得去，留得住，教得好”，湖北省政府印发《关于加强全省乡村教师队伍建设实施办法》，对于有意愿前往乡村地区任教的大学生给予“到岗补助”，设立“乡村教师关爱基金”、“乡村教师奖励基金”，对于特困或大病的教师给予资金援助，对于优秀的教师给予物质奖励。

在乡村教师津贴补助额度设立方面，各地区标准差异较大（曾新等，2018）。在西部地区，云南省津补贴标准较高，依据乡村学校条件艰苦程度，最少 500 元每月，最多 1500 元每月，建立了不同层级的教师待遇补偿机制，采用地域差异化标准，经济支持向偏远、特困地区和小规模学校、教学点倾斜，充分发挥了经济的杠杆作用，保障了不同条件下乡村学校的工作吸引力（王艳玲，2018）。在中部地区，湖北省和河南省补助标准相对较低，河南商水县平店乡依据学校距离乡政府所在地的远近来设置补助标准，最少 100 元每月，最多 500 元每月。部分地区并未对乡村学校设置差额补助标准，如四川省乡村教师每人每月 400 元（曾新等，2018）。

甘肃省不仅对所有的乡村教师提供基础的乡村岗位津补助，同时对 58 个特困地区和 17 个贫困县乡村中小学教师和幼儿教师提供额外的薪酬补助，并加大对优秀教师的物质表彰力度。在强有力的政策支持之下，甘肃省西部经济弱势地区的教师工资总体上高于中部经济发达地区，乡村教师工资薪酬总体上优于县镇教师。

为了缓解乡村教师的流失，河南在 2017 年到 2020 年三年间实施了关于教师周转宿舍建设的专项工程，解决了大量乡村教师的住宿问题，同时为乡村教师提供了必要的生活物资，改善了教师的住宿环境。

为了鼓励师范类毕业生前往乡村地区任教，从 2008 年开始，广东省实施大学生学费退还政策，对前往乡村学校执教的学生退还大学学费和住宿费。该项政策实施以来，已经帮助广东省乡村学校补充了4.2万余名教师，同时通过对新任教师人文关怀和生活补助，截至2015年，大学生留任率达到了98%（张松祥，2016）。

从2009年开始，湖南省开始为乡村教师实施津补贴制度，并率先于湘西自治州泸溪县等贫困县市区开始施行。教师的乡村任教年限越长，教师的津补助越高，同时按照乡村地区与城区的距离来设定津补贴的标准，经济条件差的地区可以通过经费自筹，在省级津补助标准的基础上为教师提供额外的资金支持。此外，为了保障财政不足的乡村地区教师获得应有的津补助，湖南省采取省域差异化统筹的方式，对于特困地区，省级财政全额拨款，对于一般贫困地区，省级财政承担60%。从2013年到2016年三年间，湖南省在乡村教师津补助支持方面投入20.8亿元，超过9万余名教师享受到相关政策，提升了教师的物质待遇。

除了政府和教育管理部门，社会公益团体同样为乡村教师队伍建设提供了资金支持。沪江社团协同多家公益机构借助互联网推出了系列教师培训项目，聘请专家教授对学科教师进行教学指导，较大地提升了教师的专业水平。马云公益基金会设立“师范生计划”，“十年投三亿”，鼓励高校毕业生投身乡村教育事业（曾新等，2018），同时设立“乡村教师计划”，评选出锐意进取、阳光活力的一线优秀乡村教师，为每位入选的教师提供10万元的物质奖励。

（2）强化教育管理

北京市为了探索乡村教师补充和留任路径，以本土培养为原则，通过实施教师委培指标定向到基层地区、免费师范生政策、教师奖学金政策，同时对于履行乡村教育职责3到5年的教师，为其进一步提升学历提供学费减免政策，以此加强乡村教师队伍建设，提升乡村教师专业素养。

湖北省实行“退一补一”的招聘原则，对空缺的乡村教师岗位进行及时补充，缓解乡村学区的师资匮乏问题。省内各地区统筹调配，动态管理教师编制，促进教师资源均衡分配，同时对于前往偏远山村任教的大学生，按照教师服务年限来给予奖励补助。

湖北省武穴市对全市教师的管理方式进行改革，将教师“校管”变成“市管”，统筹全市教师的调配与派遣，实现了教师的动态流动管理。

云南通过“以县为主，县管校聘”的方式，推动义务教育阶段校长和教师的交流轮岗，实现优秀教师在城乡之间、优质学校与弱势学校之间的流动管理，同时将乡村学区任教经历作为教师职称评聘的基本条件之一（王艳玲，2018）。

陕西省政府联合教育厅等多部门制定“县管校聘”教师流动政策，按照“总量控制、统筹调配、按需上岗、竞聘上岗、合同管理”原则，将地区所有中小学公办教师的人事管理权归口于县级教育管理部门,推动教师由“学校人”向“系统人”的转变。通过对教师的流动进行动态管理逐步实现师资在偏远或薄弱地区的分配和补充。

安徽省亳州市对全市中小学教师实施统一管理，县市区教育局承担教师的人事管理和岗位调配，推动了教师资源在全市范围内的均衡分配。

黑龙江实施《黑龙江省乡村教师支持计划（2015—2020 年）》，通过省域统筹对教师队伍进行管理，从 2015 年到 2020 年，每年预留 1000 个教师编制用于特岗教师招聘，以此来补充乡村教师队伍，通过特岗计划招聘到的教师实行城乡教师编制统一管理。

甘肃某地区为保障乡村学校按照国家标准配备足量学科教师，并保障所有课程按要求开设，为未在学校住宿的教师按照地理方位安排了班车专线负责接送教师往返学校与住处，部分学校为教学点教师在镇中心集中办理公寓入住，并组织丰富的课外文化活动，消除教师的孤独感，帮助偏远地区教师重建社会属性，提升教师的乡村地区归属感，于细节处体现出学校管理者对教师的人文关怀（张松祥，2016）。

湖南省基于乡村地区的师资实际需求，采取“县来县去、县来乡去、乡来乡去、乡来点去”四种方式，将免费师范生定向补充进乡村教师队伍中，以本土培养回归本土的原则最大程度地缓解了教师的流失率（黄佑生等，2022）。同时通过实施教师性别均衡政策，有针对性地补充男性小学教师来解决乡村教师队伍的性别结构不合理问题。

（3）加强教师培训

乡村教师培训是促进农村教师专业发展、提高农村教师整体素质的重要途径。乡村教师支持计划明确把提升乡村教师队伍专业素养置于优先发展的战略地位。

2016年，儿童基金会联合教育部开展“创新性教学与教师培训”项目，为偏远山区和贫困中西部地区教师专业素养提升探索新的路径（于淼，2022）。该项目通过逐级培训的模式，以点到面旨在涵盖项目内所有乡村教师，使之得到专业能力的提升。“创新性教学与教师培训”项目经过五年的推进实施，在教育管理部门、高等师范院校、乡村学校和各学科教师的协作下，试点地区乡村学校教师的专业教学技能得到了较大的提升。

为了推动乡村教师教学技能的提升，2012年到2019年间，“国培计划”投入共计135亿元，各地各类教师共有1400万人参与培训。为了促进东西部地区教育协同发展，杭州市和余杭区等地区组织近百名优秀教师前往弱势地区进行支教，浙江大学5名专家教授为200多位乡村教师开展专题讲座，针对教育难点和技术痛点进行定向支援。

部分地区小规模学校为了提升教师专业素养，加强不同学校、不同地区之间教师的教学交流，集思广益，解决教育难题，在一定程度上提升了教师的专业能力。如甘肃省平凉市开办小规模学校联盟年会，组织40多名乡村教师参与活动，活动包括了参观校园文化建设、听课评课、经验交流和总结探讨等多个方面。四川省广元市利州区创办了“小微学校联盟”，鼓励教师参与集体备课和集中研训，协同共进研发校本课程，以团体的力量促进个体的能力提升（曾新等，2018）。

从2006年开始，为了加强乡村教师队伍建设，培养乡村地区高素质教育人才，湖南省开始实施农村教师定向培养专项计划，历经十余年的路径探索，湖南已经形成了类型、内容、保障“三精准”的免费师范生培养机制，通过系统的师范类高校教育，在实践中快速成长为优秀的骨干教师，大力提升了湖南优质师资的均衡分配，推动了教育质量的提升（黄佑生等，2022）。

虽然各级各项培训在帮助教师提升专业素养方面发挥了较大作用，但是仍然存在诸多不足，一是部分地区培训内容重理论，忽视了乡村地区的实际需求，缺乏有针对性的实践指导；二是培训形式单一，强调了教学规律的共性，但是忽视了地域的特性，不能满足偏远乡村地区教师多样的教学需求；三是培训缺乏连续性，不能帮助教师得到系统性的发展，同时缺乏对教师的培训效果进行有效的评价；四是培训缺乏对本土文化特征的把握，忽视了乡村地区人文背景、生活习惯和语言差异，影响了教师对于培训指导的理解和接纳。

第四节　研究评述

目前，关于乡村教师流失问题研究的文献指出，乡村地区教师留任主要面临五个问题：（1）较低的薪酬水平；（2）地域隔离和社会交往隔离；（3）工作条件艰苦，多领域授课；（4）行政管理不善；（5）政府和社会对教师的高素质要求。总体上来说，这些困难使得乡村学校和地区在吸引和留任高素质教师方面处于竞争劣势地位。

研究者认为，一个合格的乡村教师通常具备以下几种素质：一是可以教授多个年级的学生；二是可以承担非教学性的学生工作；三是可以满足不同教育需求的学生；四是能够较好地融入乡村生活。当乡村学校成功找到或培养出具备这些素质的教师时，这些教师往往待上几年以后就会寻找机会前往更加优势的学校或地区，这使得乡村学校对合格教师的需求从未被真正满足。甚至很多教学经验不足的教师，将乡村学校作为在城市学校任职的一个台阶。

为了加强教师队伍建设，缓解乡村教师流失，前期研究者主要从五个途径探索政策防治路径。一是通过法制控流，全面加强教师权益法制体系建设，推动地方师范类高校的建设，提升本地教师的储备力量，建立奖学金制度，为贫困师范生提供学费支持，对乡村教师给予应有的价值评价，提升教师的社会地位。二是通过情感控流，宣扬乡村文化，注重乡村教师的情感认同，提升教师的责任感和乡村教育的使命感，强化教师的职业效能。三是通过管理控流，改善行政部门的管理机制，为乡村教师的薪酬支持、专业培养和岗位晋升提供必要的环境保障。五是通过经济控流，利用乡村金融建设推动乡村地区的自我提升，通过本地经济发展提升教育经费投入，加大政府财政支出，强化学校基础设施建设，改善乡村地区医疗、交通、生活环境。

从国内来看，各项乡村教师激励和聘用的政策正在执行，但是相关政策在地方实际的执行效率还需要经过进一步的检验，这些政策包括了五个方面，一是培养乡村教师的主动性，鼓励教师前往乡村任教；二是对留任乡村任教的优秀教师进行奖励；三是改进教师聘用方法和创新评价体系；四是推动乡村学校建设，提升乡村学校对教师的支持；五是促进信息化建设来满足乡村教师专业发展的需要。

研究表明，有效的激励政策通常具有以下几个特征：一是具有战略性布局；二是具有地域针对性；三是具有可持续发展性；四是具有基层实践性。通过有效的激励政策，可以最大程度地降低乡村教师流失率，研究者将其归纳为十四个步骤：（1）收集乡村地区教师供需数据；（2）基于供需数据分析，制定乡村教师招聘计划；（3）通过扩招或改进招聘流程来增加乡村教师聘用备用人选；（4）联动政府各部门和社会团体力量；（5）制定有针对性的教师激励措施；（6）推动乡村教师评价体制机制改革创新；（7）研发教师培养与专业发展项目；（8）鼓励师范类高校推动教师教育项目；（9）引进高水平教师教育资源；（10）制定有效的入职培训计划；（11）为留任教师提供额外的薪酬激励；（12）推动乡村学校基础设施建设，改善教师工作环境；（13）联合社区服务帮助教师认同乡村文化和融入当地生活；（14）创新乡村学校管理机制，促进学校管理者领导力的提升。

目前，虽然不少政策文件被颁布实施，但是事实上较少有研究者对政策文件的执行效率进行论证，对其影响进行评估。而现行的政策文件中，几乎很难找到一个将政府、教育管理部门、教师和基层社区完整联系起来的连续型教师支持计划。

第三章　理论基础

第一节　计划行为理论

计划行为理论是理性行为理论的延伸。计划行为理论提供一个预测行为预测框架，关注于决定个体特定行为的影响性因素研究。计划行为理论认为，人们会更加倾向于完成自己可能会成功的事情。计划行为理论以三种理念为中心：行为理念（态度）、规范理念（主观规范）和控制理念（感知行为控制）。这些理念与个体行为的意图高度相关。

态度指的是一个人对感兴趣的行为有积极或者消极感受的程度。主观规范指的是个体主观感受中社会权威对其行为的规范约束。感知行为控制指的是个体对行为的容易程度或困难程度的感知。计划行为理论通常被应用于医学领域，并在行为预测研究中多次成功使用。Kersaint et al.（2007）基于计划行为理论，分析了教师留任或流失的概率，并确定了影响教师去留的决定性因素。Robinson（2016）基于计划行为理论，检验了影响教师决定在高需求学校继续留任教学的因素。

第二节　人力资本理论

人力资本理论为吸引、保留和发展高素质人才提供了重要的理论支持。从中世纪以来，人力资源管理的作用发生了很大的变化。传统管理者激励员工的主要途径是提供生活必需品，管理者基于人力资本管理理论，按照员工完成的工作绩效分配这些必需品。然而传统的激励方式已经不再适合现如今富有创造性，能够充分表达自己观点，独立自主意识更强的年轻人。不断变化的员工需求是教育领域人力资源管理的一项重大难题。人力资源管理策略随着教师劳动力市场的竞争变化和管理者逐渐认识到人力资本在组织成功中发挥了战略性作用而不断演变。如果组织管理者不能有效基于人力资本理论进行师资管理，将会发现自身深陷于人才流失和资源缺乏的困境。

任何教育政策的制定都离不开人力资本理论的有效运用，教育政策的成功实施依赖于管理者多样化的领导能力。创新性的想法和畅通的表达通道能为组织带来高水平的绩效成果，一个组织能够利用多元化人才的大熔炉，那么在工作场所所面临的挑战和问题将转化为战略性的组织资产。现代组织机构最宝贵的财富是人力资源。组织机构不断寻找理想的组织成员，组织成员将自身能力卖给出价最高的机构，并承诺完美的表现。公共和私人组织实体的发展依赖于这种绩效所带来的红利，这种红利推动了组织达到了绩效成功的高度。学校系统和教师成员也是如此（Charlton et al.,2010），如果教育管理者不能创造多样性的学校文化，教师资源就会流失到优势组织中。

发展让人民满意的教育要求推动了教育制度改革的任务，促使教育制度从一个松散和低生产力的结构向一个高生产力的结构转变。这项任务不仅对组织态度、成员关系和社会环境方面均做出了具体的要求，而且要求在实现社会目标和保留资源的方式方法上做出根本的改变。因此，教育制度的改革需要人力资本理论的合理运用和人力资源管理的有效实践（Maile,2020）。基于人力资本理论，通过激励措施提升教师的职业归属感和组织荣誉感，从而提高教师的留职意愿。

第三节　ERG 理论

劳动者在职业发展过程中更加看重自身的工作前景，积极的工作前景能为劳动者带来精神上的鼓励与支持。教师只有认为未来充满希望，并且值得期待，才会受到激发去追求职业理想。如果岗位前程不明，专业发展受限，教师就会在繁重的工作中迷失自我，失去工作的动力和热情。美国耶鲁大学组织行为学家奥尔德弗于 1969 年在马斯洛需要层次的基础上形成了 ERG 理论。ERG 理论将组织管理中成员的需要划分为三类："E" 代表了生存的需要，组织管理者需要为成员提供保障基本生存能力的物质生活条件，这其中包含了生理需要和安全需要的内容，如衣食住行等。“R”代表了相互关系的需要，组织成员之间有开展人际关系的需求，需要感受到爱和被尊重，在这种相互交往过程中获得社会地位和价值肯定。“G”代表了成长的需要，每一位组织成员均想获得个人能力的发展和自我完善，这种需要在完成高难度的挑战，不断开发个人潜能的过程中得到满足。与马斯洛的需要理论不同的是，ERG理论强调了个体在同一时间可能有不同层级的需求同时存在，如果高层次的需求得不到满足，那么低层次的需求将会变得格外强烈。教师如果不能在价值追求和人际交往的过程中得到满足或体验到积极的情感，就会激发教师对于物质财富更强烈的渴求。

第四节　社会信任理论

信任关系的建立通常要求双方具有包容的情感。在学校，所有的利益相关者都应该能接受消极和积极的情感冲击，以此来增加组织的有效性。Koerner et al.（2006）认为，教师、学生和家庭之间很难建立信任关系，因为很多教师并非来自他们所任教的社区，因此不熟悉当地学生的文化差异。Saffold（1988）认为，组织文化的核心是共享价值观。组织中的人们想要拥有归属感，他们想要知道或感觉到他们的想法被倾听，他们的建议被考虑。领导者必须创新管理方式，让组织内的所有利益相关者都能参与决策过程。通过这种方式，管理者将包容多样化的组织观点，这有助于发展信任关系，建立更牢固的组织文化。

信任是建立积极文化氛围的一个非常重要的组成部分。学校的地理位置，历史，以及所传递的信息都是建设校园文化的重要因素。学校根据自己的历史特征和文化传播来发展自己。学校管理者、教师、学生及其家庭都应该共享学校发展的使命、价值观和目标，这有助于校园文化的建立。Price et al.(2015)发现，如果校长愿意帮助教师完成教学任务，基于校长的支持型特征，教师将会更加倾向于信任校长。校长和教师之间的互动和信任关系建立存在直接联系。根据Tschannen et al.（2015）的观点，营造信任的情感氛围有助于学校组织成员扩大学校的优势特征，并创造出创新和热爱学习的环境。教师的学校生活体验感受是否积极取决于他们对校长的信任程度。

建立和保持信任关系为教师的留任奠定了基础。学校管理者在建立和维持学校内部信任方面起着主导作用，管理者的身份和权利保障了关系结构的建立，他们有能力进一步发展和维护信任关系。教师基于信任和共同的教学信仰与学校管理者和其他教师之间形成坚固的同盟，同盟之间彼此合作，相互支持，可以在一定程度上分担教师过重的工作压力，提升教学的有效性。出于对学校文化的认同和对学校管理者的信任，在强有力的学校支持之下，教师的职业倦怠感可以被显著降低。学校的关系结构受到外部环境和内部环境的双重影响，决定了教师是否愿意在学校呆很长一段时间。

第五节　双因素理论

美国心理学家弗雷德里克·赫茨伯格首次提出双因素理论，该理论强调了不同组织中员工的生产力水平的差异，为劳动者的工作动机研究提供了新的思路。动机的来源有内在和外在两种。当外部激励不足时，内在动机开始发挥主要作用。当人们投入的努力可以转化成有效的回报时，内在动力就有可能产生，因为此时最终成果的获得取决于是否付出了努力，而不是依赖于运气。

双因素理论认为，影响劳动者工作动机的因素主要分为两类。一类为环境因素，主要为防止劳动者对工作出现消极情绪的因素，包括了人际关系、组织督导、工作条件、个人生活、管理政策等。因此在本研究中定义为维持因素，维持劳动者的工作基础，但是不一定能激发劳动者的内生动力。另一类为激励因素，同时也是能够激发劳动者工作效能，充分提升劳动者工作满意度的因素。这是一种来自生理或心理需求的过程，它激活了个体的行为或动力，旨在实现某个设定的目标或者获得某种成就。它可以被定义为以满足个体需求为条件，促使个体愿意付出高水平的努力来实现组织的目标。激励因素是人们提高工作绩效的关键。金钱是最典型的外在激励，它搭建了工作绩效和奖励之间的桥梁。但是金钱不是唯一的激励因素，组织无法利用金钱强迫成员工作。Accel（2006）认为人们会做他们想做的事，或者被自身和外部因素所激励。工作绩效可以认为是个人能力和动机的函数。

因此，双因素理论将激励归类于工作的内在因素，可以有效提高组织成员的工作绩效。这些因素通常围绕工作展开，包括职业成就感、生活幸福感、专业发展、岗位晋升等。改善劳动者的外部环境，消除影响劳动者流失的负面因素可以为劳动者的工作情绪带来积极的体验，但是想要提升劳动者的工作绩效，激发劳动者的工作激情，必须调动劳动者的组织承诺，激发劳动者的责任心和使命感，对劳动者的工作价值给予充分的肯定和应有的回报，关注工作本身给劳动者带来的快乐。

在传统的人力资源理论中，薪酬为激发劳动者工作激情的有效动机因素，但是只有当金钱能够公平地衡量劳动者所付出的努力时，它才能成为一种有效的激励。在乡村教师人力市场，劳动者的价格不由劳动者的能力高低和市场供给需求决定，而是与地方财政和国家标准有关，教师的薪酬结构不为个体特征设计，而是为群体特征存在。同时，教师行业的薪酬从整体上看并不具备行业竞争力，乡村教师的薪酬水平更是无法与其工作价值相匹配。教师的薪酬更像是一种外部环境因素，无法起到激励作用。因此，本研究将薪酬福利归类为教师的工作维持因素。

根据双因素理论，缓解乡村教师流失需要从外部环境因素和内部激励因素两条研究路径出发，内部激励因素是加强教师队伍建设的根本，外部环境因素需要通过内部激励因素发挥出最大效用。

第四章　湖南省乡村教师生活现状研究

第一节　数据与变量

为了保障问卷调查的有效性，特邀请了教师队伍建设相关领域的教授学者、学科教研员、学校校长、乡村地区教师等开展多轮研讨，确定问卷调查的研究维度并进行调查项目制定。同时，通过多轮预调查排除了无效选项，基于广泛的意见征集，确定了最终的调查问卷。本次调查问卷主要分为四个模块，一是教师背景调查；二是教师流动意愿调查；三是教师稳定性因素调查；四是教师激励性因素调查。本书将教师的流动意愿进行调查来反映地区的教师潜在流动问题，一是由于对已经流失的教师进行问卷调查的难度较大，二是对在职教师的流失意愿进行调查更加符合目前乡村教师的现实情况，有利于探索乡村教师流失问题的影响机制和政策治理。

一、变量

（1）背景特征变量。包括性别、年龄、学校地理位置、学校类别、家乡地理位置、当地人均月收入、婚姻状况、生育状况、受教育状况、教龄、招聘途径、编制情况、生病住院情况和健康状况等。

（2）流失意愿变量。由于部分流失教师已经退出教师岗位或迁移至外省，追踪难度较大，因此本研究通过“您所在当地教师的流失情况如何？”来调查当地教师的总体流失情况，通过“未来五年内，您的职业规划是？”来调查在职教师的流失意愿。

（3）稳定性因素变量。基于双因素理论，稳定性因素为维持劳动者工作意愿的基本保障因素，包括工资福利、工作状况、家庭状况、师生关系、管理政策、文化认同等（沈健等，2022）。本书综合考虑数据的可获得性和有效性，用教师平均月收入、乡村教师津补贴、社保缴纳、福利津贴来衡量教师的工资福利；用年均家庭支出、是否与配偶分居、家人支持、子女教育环境、住房环境来衡量教师的家庭状况；用平均在校时长、主要工作内容、留守儿童比例、专业匹配度、学校交通状况、教学资源配备、网络信息建设来衡量教师的工作状况；用学校团建、人文关怀、教学自主权来衡量学校管理；用家校沟通情况来衡量教师与家长的人际交往；用是否适应本地文化氛围来衡量文化认同。

（4）激励性因素变量。基于双因素理论，激励性因素为与工作直接相关，可以提升工作满意度，为教师带来积极的内生驱动力的因素，包括主观幸福感、工作成就、职业发展、社会认同等（沈健等，2022）。综合考虑数据的可获得性和有效性，本书采用教师生活幸福感、职业倦怠感、工作压力感来衡量教师的主观幸福感受；用职业成就感来衡量教师的工作成就；用社会地位评价来衡量社会认同；用职称评定、获得荣誉难易程度、教师培训、教学研讨、观摩学习、晋升机会来衡量教师的职业发展。

二、数据

按照湖南省行政区划分，截至2021年，湖南省共有36个市辖区、19个县级市、60个县、7个自治县，合计122个县级区划。本研究综合考虑了地区经济发展、教育状况、人口分布等社会背景因素，基于分层不等概率抽样方法，从湖南省14个市州抽取了68个县市区，县市区辖区内义务教育阶段每个中学学校随机抽取6名教师，小学学校随机抽取12名教师。本研究主要的受访对象为义务教育阶段中小学乡村教师，同时为了将乡村教师与城镇教师现状进行对比，本研究在同区县邀请了部分城镇教师参与了调查访问。最终回收有效问卷共计42178份，其中乡村教师问卷34429份，城镇教师问卷7749份。

在背景变量中，性别依据“男”“女”分别编码为“1”“0”；年龄依据年龄分段编码为“1”到“3”；学校地理位置依据“城镇”“乡村”分别编码为“1”“0”；学校类别依据“小学”“初中”编码为“0”“1”；当地人均月收入依据分段从低到高分别编码为“1”到“7”；受教育状况与教龄从低到高分别编码为“1”

到“5”;家乡地理位置依据距离学校位置，从近到远分别编码为“1”到“5”;生育状况依据孩子数量分别编码为“0”到“2”;生病住院情况依据住院次数分别编码为“0”到“3”;婚姻状况依据“未婚”“已婚”分别编码为“0”“1”;招聘途径、编制情况和健康状况依据变量类别分别编码。

在流失意愿变量中，未来五年职业规划变量依据“在原岗位任教”“在乡村地区换学校任教”“在城市地区换学校任教”“离开教学岗位”分别编码为“1”到“4”;当地教师流失率变量从低到高分别编码为“1”到“4”。

在稳定性因素变量中，教师平均月收入、家庭年支出依据分段从低到高分别编码为“1”到“7”;是否与配偶分居编码为“0”和“1”;家庭支持依据程度从低到高分别编码为“1”到“4”;住宿环境从差到好分别编码为“1”到“4”;在校时长从短到长分别编码为“1”到“5”;留守儿童比例从低到高分别编码为“1”到“4”;专业匹配依据匹配程度分别编码为“1”到“3”;交通状况依据前往县城的时间从短到长编码为“1”到“4”;学校资源配置依据配置完善情况从差到好分别编码为“1”到“4”;信息化建设和学校人文关怀依据完善情况从差到好分别编码为“1”到“3”;学校团建依据次数分别编码为“1”到“4”;文化认同从差到好分别编码为“1”到“4”;家校沟通从差到好编码为“1”到“4”;教学自主权依据“无”和“有”分别编码为“0”和“1”;子女教育环境、住房类型、工作内容依据分类进行编码。

在激励性因素变量中，幸福感、职业倦怠感、职业成就感、压力感、社会地位评价、职称晋升难易程度、荣誉获得难易程度均为五点计分，分别编码为“1”到“5”;职称评定现状依据职称等级编码为“1”到“6”;教学研讨和教学观摩依据组织频率编码为“1”到“4”;教师培训和政策倾斜依据变量类别进行编码。

表 4.1 主要变量统计信息

分类	变量	极小值	极大值	均值	标准差
背景变量	性别	0	1	0.29	0.454
	年龄	1	3	1.83	0.801
	学校地理位置	0	1	0.19	0.390
	学校类别	0	1	0.29	0.453
	家乡地理位置	1	5	2.14	1.256
	当地人均月收入	1	7	1.88	0.999
	婚姻状况	0	1	0.65	0.477
	生育状况	0	2	0.90	0.795
	受教育状况	1	5	2.73	0.499
	教龄	1	5	2.68	1.740
	招聘渠道	1	7	3.02	1.601
	编制情况	1	4	1.38	0.779
	生病住院	0	3	0.40	0.733
稳定性因素	月平均收入	1	7	2.18	1.132
	年均支出	1	7	3.18	1.567
	两地分居	0	1	0.42	0.493
	家庭支持	1	4	3.07	0.680
	子女教育环境	1	4	2.10	1.017
	住房类型	1	6	4.01	1.215
	住宿环境	1	4	2.67	0.697
	在校时长	1	5	3.89	1.058
	留守儿童比例	1	4	3.16	0.699
	专业匹配	1	3	2.23	0.663
	交通状况	1	4	2.15	0.884

续表

分类	变量	极小值	极大值	均值	标准差
稳定性因素	教学资源	1	4	2.32	0.771
	网络信息建设	1	3	2.50	0.589
	教师团建	1	4	1.72	0.566
	了解教师困难	1	3	2.24	0.688
	慰问职工	1	3	1.98	0.695
	文化适应	1	4	2.95	0.600
	家校沟通	1	4	3.03	0.481
	教学自主权	0	1	0.84	0.365
激励性因素	生活幸福感	1	5	2.77	0.868
	职业倦怠感	1	5	3.03	0.916
	职业成就感	1	5	2.87	0.838
	工作压力感	1	5	3.65	0.792
	社会地位评价	1	5	2.59	0.799
	职称评定现状	1	6	3.09	1.263
	职称晋升难易程度	1	5	2.72	1.055
	荣誉表彰难易程度	1	5	2.10	0.833
	教师培训	1	6	4.23	1.564
	教学研讨	1	4	3.31	0.781
	教学观摩	1	4	2.56	0.843
	政策倾斜	1	4	2.57	0.930
教师流动	当地教师流失比例	1	4	2.82	0.788
	岗位变动计划	1	4	1.81	1.015

第二节　乡村样本教师基本背景特征

调查结果显示，在受访的样本教师群体中，小学乡村教师男女性别比例失衡较为严重，女性教师占比 73.6%，是男性教师的 2.8 倍。从年龄和教龄结构上来看，小学整体呈现出年轻化和教学经验不足的趋势，以 30 岁以下的年轻教师和教龄 5 年以内的新任教师为主，占据总样本的 45.9% 和 46.3%。从地理位置上来看，以当地教师为主，本县教师占据总样本的 82.2%，其中本乡镇教师占 43.4%。从学历上来看，以专科和本科学历为主，占据总样本的 97.9%，其中本科教师占 64.0%。从婚姻和生育状况上来看，六成以上教师已婚已育。从招聘渠道上来看，公开招考、定向培养和特岗招聘，分别占比 30.0%、23.4% 和 17.7%。从编制情况上来看，尚有 9.9% 的乡村小学教师没有编制。

相比于小学，中学乡村教师男女性别比例更加合理，女性教师占比 58%，略高于男性教师 42.0%。从年龄和教龄结构上来看，中学两极分化模式更加明显，以 30 岁以下的年轻教师和教龄 5 年以内的新任教师为主，占据总样本的 43.0% 和 42.0%，同时 45 岁以上和 21 年以上教龄人数占据总样本的 30.8% 和 36.5%，教龄为 6 到 20 年的中学教师人数较少，占总样本的 21.4%。从地理位置上来看，以当地教师为主，本县教师占据总样本的 82.3%，其中本乡镇教师占 38.2%。从学历上来看，中学教师学历更高，以本科学历为主，占据总样本的 84.7%。从婚姻和生育状况上来看，六成以上教师已婚已育。从招聘渠道上来看，公开招考、定向培养和调入，分别占比 28.7%、21.5% 和 20.1%。从编制情况上来看，尚有 7.3% 的乡村中学教师没有编制。

从城乡差异来看，年龄方面，城市教师以“31—44 岁”年龄段教师为主，其中小学教师该比例为 49.6%，中学教师该比例为 41.9%，比乡村地区分别高出 18.7 和 15.6 个百分点；教龄方面，城市新任教师比例明显下降，教龄小于 5 年的城市小学教师占比 25.0%，比乡村地区下降 21.3 个百分点，城市中学教师占比 27.0%，比乡村地区下降 15 个百分点，小学资深教师比例有所增大，教龄大于 21 年的小学城市教师占比 34.5%，比乡村地区提高 5.7 个百分点；

学历方面，小学教师本科学历占比 71.5%，比乡村地区提升 7.5 个百分点，中学教师本科学历占比 90.9%，比乡村地区提升 6.2 个百分点。具体数据见表 4.2。

综合中小学整体情况，样本教师总体上偏年轻，以本地居民为主，小学乡村教师学历有待提升，公开招考和定向培养为乡村教师补充的主要来源，5 年到 20 年教龄的“中间”教师人数较少，与前期研究学者“乡村教师任职 5 年后流失概率大幅度提升”结论一致。

表 4.2 乡村样本教师基本特征

	变量	类别	列百分比	
			乡村	城镇
小学	性别	女	73.60%	84.60%
		男	26.40%	15.40%
	年龄	30 岁及以下	45.90%	29.50%
		31—44 岁	30.90%	49.60%
		45 岁及以上	23.20%	20.90%
	家乡地理位置	本乡镇	43.40%	\
		本区县非本乡镇	38.80%	\
		本区县（城镇教师）	\	81.30%
		本市州非本区县	9.50%	10.40%
		非本市州	8.30%	8.30%
	婚姻状况	未婚	37.20%	24.40%
		已婚	62.80%	75.60%
	生育状况	没有小孩	39.70%	24.90%
		1 个小孩	33.60%	39.40%
		2 个小孩及以上	26.80%	35.70%
	教龄	1—5 年	46.30%	25.00%
		6 到 10 年	16.80%	21.70%

续表

变量		类别	列百分比	
小学	教龄	11—15 年	5.40%	13.20%
		16—20 年	2.60%	5.60%
		21 年以上	28.80%	34.50%
	招聘渠道	定向培养	23.40%	13.90%
		特岗招聘	17.70%	8.20%
		本县公开招考（有编）	30.00%	35.10%
		调入	13.70%	27.40%
		临聘教师或合同制教师招聘	7.50%	11.90%
		返聘	0.20%	0.10%
		其他	7.50%	3.50%
初中	家乡地理位置	本乡镇	38.20%	\
		本区县非本乡镇	44.10%	\
		本区县（城镇教师）	\	78.20%
		本市州非本区县	10.10%	11.10%
		非本市州	7.60%	10.80%
	婚姻状况	未婚	37.30%	28.00%
		已婚	62.70%	72.00%
	生育状况	没有小孩	39.60%	29.50%
		1 个小孩	38.20%	38.60%
		2 个小孩及以上	22.10%	31.90%
	受教育状况	高中及以下	0.20%	0.10%
		大专	14.30%	6.70%
		本科	84.70%	90.90%

续表

变量		类别	列百分比	
初中	受教育状况	硕士研究生及以上	0.60%	2.20%
		其他	0.10%	0.10%
	教龄	1—5 年	42.00%	27.00%
		6—10 年	13.40%	16.60%
		11—15 年	4.40%	11.60%
		16—20 年	3.60%	8.40%
		21 年以上	36.50%	36.40%
	招聘渠道	定向培养	21.50%	7.50%
		特岗招聘	18.10%	9.20%
		本县公开招考（有编）	28.70%	41.10%
		调入	20.10%	31.30%
		临聘教师或合同制教师招聘	4.00%	7.70%
		返聘	0.10%	0.10%
		其他	7.50%	3.20%
	编制情况	国家事业编制	78.40%	76.40%
		地方编制	14.30%	13.10%
		代课教师	2.70%	4.40%
		没有明确身份	4.60%	6.10%

除此之外，本研究对乡村样本教师的健康状态进行了调查访问，结果显示：仅有三成教师认为自己健康，超过半数的乡村教师认为自己处于亚健康状态，其中小学教师该比例为 53.7%，中学教师该比例为 59.9%。同时，部分教师反映出现了睡眠问题、骨关节疾病、眼部疾病、呼吸道疾病等教师职业病，其中分别有 24.7% 的小学教师和 27.1% 的中学教师反映出现睡眠障碍。这可能与乡村教师高强度的工作任务和沉重的精神压力有关，乡村教师的心

理健康问题急需得到关注。具体情况见表 4.3。

表 4.3 湖南省乡村教师健康状态

	小学	初中
心血管疾病	8.90%	11.50%
呼吸道疾病	11.60%	12.80%
眼部疾病	12.00%	12.80%
内分泌疾病	11.40%	11.40%
骨关节疾病	11.80%	13.40%
脏器类疾病	5.30%	7.10%
睡眠障碍	24.70%	27.10%
其他疾病	9.50%	9.80%
亚健康状态	53.70%	59.90%
健康状态	36.50%	31.30%

注：表中数字为列百分比。

第三节 湖南省乡村教师稳定性因素基本情况

本研究分别从经济因素、家庭因素、生活因素和学校因素四个方面对乡村教师的稳定性因素进行了调查。其中经济因素包括了乡村教师的收入与支出；家庭因素包括了家庭支持和伴侣两地分居等情况；生活因素包括了住宿环境、交通状况等；学校因素包括了在校时长、留守儿童比例、专业匹配、教学资源配备、网络信息建设、教师团建、学校人文关怀、家校沟通和教学自主权等。

一、经济因素

考虑到乡村地区不同地方之间经济发展也存在较大差异，为了进一步探究城乡之间的经济差异，本研究将乡村地区细分为乡政府所在的乡镇区和乡政府所在地之外的偏远乡村地区，城镇地区细分为城市地区和县城地区。

从表 4.4 可知，教师月平均收入（实发）在 4000 元以下的教师比例，城市地区（65.0%）低于县城地区（66.5%），县城地区低于乡镇地区（68.9%），乡镇地区低于偏远乡村地区（70.3%），城市地区和偏远乡村地区之间相差 5.3 个百分点，其中平均月收入在 3000 元以下的比例，偏远乡村地区高于城市地区 12.4 个百分点，偏远乡村地区的低收入教师群体明显多于城市地区。从乡镇和偏远乡村的差距来看，偏远乡村地区的低收入教师群体同样明显多于乡镇地区，由此可见，即便同处乡村地区，教师的薪酬收入同样存在较大的差异性，这与前期研究学者的结论一致，对乡村地区教师的统一定义和无差别政策实施，阻碍了偏远乡村地区困难教师的需求表达和政策帮扶。

表 4.4　城镇与乡村教师月平均收入（实发）

	3000 元以下	3000—4000 元	4000—5000 元	5000—6000 元	6000—7000 元	7000—8000 元	8000 元以上
城市	22.20%	42.80%	22.70%	7.60%	2.10%	1.80%	0.80%
县城	23.00%	43.50%	22.70%	7.70%	1.70%	0.90%	0.50%
乡镇	29.90%	39.00%	19.00%	8.10%	2.60%	0.90%	0.50%
偏远乡村	34.60%	35.70%	17.60%	7.90%	2.60%	0.90%	0.70%

从乡村教师与当地居民的平均月收入来看，当地居民月平均收入大于 5000 元的地区，均有半数以上乡村教师月平均收入低于本地平均水平。其中，月平均收入在“5000—6000 元”的地区，分别有 52.2% 的乡镇教师和 53.4% 的偏远乡村教师月平均收入低于当地平均水平；月平均收入在“6000—7000 元”的地区，分别有 63.4% 的乡镇教师和 63.3% 的偏远乡村教师月平均收入低于当地平均水平；月平均收入在“7000—8000 元”的地区，分别有 60.9% 的乡镇教师和 74.8% 的偏远乡村教师月平均收入低于当地平均水平；月平均收入在“8000 元以上”的地区，分别有 64.8% 的乡镇教师和 77.7% 的偏远乡村教师月平均收入低于当地平均水平，且有 22.2% 的偏远乡村教师月平均收入低于 3000 元。具体见表 4.5。

当地居民月平均收入越高，收入低于平均水平的乡村教师比例也越高，这意味着地区平均薪酬水平随着经济发展水涨船高的同时，乡村教师的薪酬收入却没有进行相应的提升，当乡村教师薪酬收入明显低于本地平均水平时，教师流失的概率将会大大增加。

表 4.5　乡村教师与当地居民月平均收入情况

地区	当地平均月收入	教师平均月收入						
		3000 元以下	3000—4000 元	4000—5000 元	5000—6000 元	6000—7000 元	7000—8000 元	8000 元以上
乡镇	3000 元以下	53.20%	28.50%	11.50%	4.80%	1.40%	0.40%	0.20%
	3000—4000 元	16.30%	58.90%	16.20%	6.10%	1.70%	0.50%	0.30%
	4000—5000 元	6.60%	28.20%	49.60%	9.90%	3.60%	1.50%	0.60%
	5000—6000 元	5.40%	13.70%	33.10%	40.30%	5.00%	1.70%	0.80%
	6000—7000 元	2.70%	9.50%	15.30%	35.90%	32.40%	3.80%	0.40%
	7000—8000 元	3.10%	9.30%	5.20%	18.60%	24.70%	32.00%	7.10%
	8000 元以上	0.00%	8.10%	10.80%	16.20%	16.20%	13.50%	35.20%
偏远乡村	3000 元以下	56.50%	25.30%	11.00%	4.90%	1.60%	0.40%	0.30%
	3000—4000 元	18.50%	57.00%	15.40%	5.80%	1.90%	0.90%	0.50%
	4000—5000 元	8.90%	28.50%	46.70%	10.00%	3.60%	1.40%	0.90%

续表

地区	当地平均月收入	教师平均月收入						
		3000 元以下	3000—4000 元	4000—5000 元	5000—6000 元	6000—7000 元	7000—8000 元	8000 元以上
偏远乡村	5000—6000 元	8.30%	14.90%	30.20%	39.70%	3.40%	1.90%	1.60%
	6000—7000 元	5.30%	5.30%	17.70%	35.00%	31.90%	2.20%	2.60%
	7000—8000 元	4.40%	6.60%	14.30%	22.00%	27.50%	20.90%	4.30%
	8000 元以上	22.20%	12.70%	11.10%	11.10%	6.30%	14.30%	22.30%

由于近九成的乡村教师月平均薪酬在 5000 元以下，因此本研究着重对比了 5000 元以下乡村教师家庭年平均支出情况。从表 4.6 可知，对于月平均收入在 3000 元（年均收入 3.6 万）以下的乡村教师，分别有 72.4% 的乡镇教师和 75.3% 的偏远乡村教师家庭年均支出在 4 万元以上，其中有 17% 的乡镇教师和 19.6% 的偏远乡村教师家庭年均支出高于收入 2 倍（8 万元）以上；对于月平均收入在 4000 元（年均收入 4.8 万）以下的乡村教师，分别有 57.0% 的乡镇教师和 58.8% 的偏远乡村教师家庭年均支出在 5 万元以上；对于月平均收入在 5000 元（年均收入 6 万）以下的乡村教师，分别有 45.6% 的乡镇教师和 47.0% 的偏远乡村教师家庭年均支出在 6 万元以上。近半数的乡村教师薪酬水平难以承担家庭开支。

表 4.6　乡村教师平均月收入与家庭年均支出情况

地区	教师平均月收入	家庭年平均支出						
		4 万元以下	4 万—5 万元	5 万—6 万元	6 万—8 万元	8 万—10 万元	10 万—20 万元	20 万元以上
乡镇	3000 元以下	27.60%	25.70%	17.30%	12.40%	11.30%	4.80%	0.90%
	3000—4000 元	16.80%	26.20%	19.60%	15.20%	15.10%	6.10%	1.00%
	4000—5000 元	10.00%	23.60%	20.80%	18.90%	19.00%	6.90%	0.80%
偏远乡村	3000 元以下	24.70%	24.20%	17.60%	13.90%	12.40%	5.90%	1.30%
	3000—4000 元	16.20%	25.00%	20.00%	16.90%	14.70%	6.40%	0.80%
	4000—5000 元	10.00%	21.80%	21.20%	21.10%	18.60%	6.70%	0.60%

二、家庭因素

从与伴侣两地分居情况来看，乡镇、偏远乡村教师与伴侣两地分居的比例分别是 44.7% 与 48.1%，高于城市教师 18.1 和 21.5 个百分点。

从家庭支持情况来看，乡镇与偏远乡村教师家庭“非常不支持”与“比较不支持”的比例分别为 13.3% 和 17.7%，明显高于城市与县城教师，且偏远乡村教师家庭“非常支持”的比例为 20.8%，低于城市教师 11.3 个百分点。具体见表 4.7.

通过对家庭支持与两地分居情况进行方差检验，结果显示两者显著负相关（P 值 =0.000，且相关系数为 –0.193）。与伴侣两地分居对乡村教师的家庭支持产生了显著的负面影响。

表 4.7　城乡教师家庭支持与分居情况

地区	与伴侣两地分居		家庭支持			
	不是	是	非常不支持	比较不支持	比较支持	非常支持
城市	73.40%	26.60%	3.00%	6.80%	58.10%	32.10%
县城	76.10%	23.90%	2.20%	6.60%	62.30%	28.90%
乡镇	55.30%	44.70%	2.50%	10.80%	62.70%	24.00%
偏远乡村	51.90%	48.10%	3.70%	14.00%	61.50%	20.80%

三、生活因素

从乡村教师住宿环境来看，“环境非常不好”和“环境不太好”的比例，乡镇教师和偏远乡村教师分别是 34.5% 和 40.1%，高于城市教师 16.1 和 21.7 个百分点，偏远乡村教师感觉住宿环境很好的比例明显低于城市和县城教师。

从交通状况上来看，乡村教师前往县城的车程较长，偏远乡村教师前往县城需要 1 个小时以上的比例高达 44%，较长的车程将在一定程度上对教师的日常生活产生负面的影响，长时间的地理隔离将带来心理上的社会隔离。

表 4.8　城乡教师住宿环境和交通状况

地区	住宿环境				交通状况［距离县城（市中心）的车程］			
	环境非常不好	环境不太好	环境较好	环境很好	半小时以内	半小时到 1 小时	1 小时到 2 小时	2 小时以上
城市	3.00%	15.40%	68.50%	13.10%	71.50%	21.90%	6.30%	0.30%
县城	2.40%	17.90%	69.30%	10.40%	83.70%	11.00%	4.40%	0.90%
乡镇	6.00%	28.50%	58.90%	6.60%	28.30%	41.50%	25.30%	4.90%
偏远乡村	8.10%	32.00%	54.20%	5.70%	16.80%	39.20%	35.30%	8.70%

四、学校因素

从在校时长上来看，城乡教师在校工作时间普遍偏长，七成以上的教师在校时间均超过8小时，但是从城乡对比来看，乡村教师的工作负荷更加让人担忧。79.7%的城市教师和74.6%的县城教师工作时长在8小时到12小时之间，却有接近半数的乡村教师在校工作时长在12小时以上，乡镇和偏远乡村教师该比例分别是45.9%和49.7%，分别高出城市教师34.2和38.0个百分点。具体见表4.9。

表4.9　城乡教师平均在校时长

地区	平均在校时长				
	4小时以内	4–8小时	8–10小时	10–12小时	12小时以上
城市	0.70%	7.90%	50.00%	29.70%	11.70%
县城	0.50%	13.20%	49.50%	25.10%	11.70%
乡镇	0.40%	8.50%	30.40%	14.80%	45.90%
偏远乡村	0.20%	7.10%	30.20%	12.80%	49.70%

从留守儿童比例上来看，乡村学校留守儿童问题较为严重，乡镇和偏远乡村地区教师反映留守儿童“比例较高”和“比例非常高”的比例分别是91.6%和92.5%，其中偏远乡村地区教师反映留守儿童“比例非常高”的比例达到42.2%，比乡镇地区高出10.5个百分点。详情见表4.10。

从教师主要工作内容上来看，乡村地区反映“学校非教学性工作”和“寄宿学生生活管理”为日常主要工作内容的教师比例明显高于城市和县城地区。其中，18.4%的乡镇教师反映“寄宿学生生活管理”是其主要日常工作，比城市和县城教师分别高出12.4个和13.2个百分点；有58.7%的偏远乡村教师反映“学校非教学性工作”是其主要日常工作，比城市和县城教师高出8.4和7.9个百分点。详情见表4.10。

进一步对学校留守儿童比例和教师工作时长的相关性进行卡方检验和相关性检验，结果显示，两者之间存在明显的正相关（P值=0.000，相关系数为0.223）。综合考虑教师的在校工作时长、主要工作内容和学校留守儿童比例可知，乡村地区较严重的留守儿童问题一方面给教师带来了较大的工作负担，另一方面占据了教师过多的精力和时间，这在一定程度上将对教师的日常教学工作产生影响，不利于乡村地区教育质量的提升。

表 4.10　城乡学校留守儿童比例和教师主要工作内容

地区	留守儿童比例				主要工作内容（可多选）			
	比例非常低	比例比较低	比例比较高	比例非常高	学科教学	班级管理	学校非教学性工作	寄宿学生生活管理
城市	9.40%	42.20%	43.40%	5.00%	97.10%	59.70%	50.30%	6.00%
县城	4.90%	27.70%	58.20%	9.20%	96.90%	58.00%	50.80%	5.20%
乡镇	1.50%	6.90%	59.90%	31.70%	97.20%	55.90%	53.20%	18.40%
偏远乡村	1.50%	6.00%	50.30%	42.20%	97.70%	61.80%	58.70%	15.60%

从教师专业匹配情况上来看，乡村教师任教学科专业匹配程度较低，明显低于城市和县城教师。其中专业“完全不相符”的比例，乡镇教师和偏远乡村教师分别为 13.3% 和 14.3%,高出城市教师 4.3 和 5.3 个百分点；专业“完全相符”的比例，乡镇教师和偏远乡村教师分别为 36.9% 和 28.9%，低于城市教师 17.2 和 25.2 个百分点。具体情况见表 4.11。较低的专业匹配程度将会影响教师的课堂效率，对教学质量带来显著的不利影响。

表 4.11　城乡教师专业匹配情况

地区	专业匹配		
	完全不相符	部分相符	完全相符
城市	9.00%	36.90%	54.10%
县城	9.90%	39.40%	50.70%
乡镇	13.30%	49.80%	36.90%
偏远乡村	14.30%	56.80%	28.90%

从学校教学资源配置情况上来看，乡村学校教学资源配置远不如城市和县城地区。教师反映教学资源配置“非常不足”和“较为不足”的比例之和，

乡镇和偏远乡村地区分别占据了 55.9% 和 63.8%，高于城市地区 24.2 和 32.1 个百分点。

从学校网络多媒体建设情况上来看，教师反映“没有建设”和“建设不完善”的比例，乡镇和偏远乡村地区高达 46.0% 和 50.3%，高于城市地区 17.7 和 22.0 个百分点。具体见表 4.12。

完善的教学资源配置和网络多媒体教学系统建设是教师提升课堂效率的前提和基础，加强乡村学校的基础设施建设和资源配置已经成为一个急需推进和落实的项目，教学设备的缺乏将会对乡村教师自我效能感产生一定程度的打击，进一步提升了教师的流失概率。

表 4.12　城乡学校教学资源配置和网络多媒体教学系统建设情况

地区	教学资源配置				网络多媒体教学系统建设		
	配置非常不足	配置较为不足	配置比较充足	配置非常充足	没有建设	建设不完善	建设完善
城市	6.90%	24.80%	55.20%	13.10%	3.50%	24.80%	71.70%
县城	10.70%	30.10%	51.90%	7.30%	2.40%	31.70%	65.90%
乡镇	14.20%	41.70%	41.60%	2.50%	4.20%	41.80%	54.00%
偏远乡村	19.70%	44.10%	34.50%	1.70%	6.70%	43.60%	49.70%

学校对教师生活困难、心理困难的了解以及学校对困难职工的慰问可以在一定程度上反映出学校对教师的人文关怀。调查结果显示，乡村学校对教师的人文关怀还有待提高，其中教师反映学校可以及时了解教师困难情况的比例，乡镇和偏远乡村地区分别为 37.4% 和 38.7%，低于城市地区 7.5 和 6.2 个百分点；教师反映学校经常慰问困难职工的比例，乡镇和偏远乡村地区分别为 23.2% 和 20.3%，低于城市教师 8.9 和 11.8 个百分点。具体见表 4.13。学校对教师给予充分的人文关怀将会有效降低教师的孤独感，提升教师的组织认可度。

表 4.13　城乡学校人文关怀情况

地区	了解教师困难			慰问困难职工		
	完全不了解	不能及时了解	可以及时了解	很少慰问	偶尔慰问	经常慰问
城市	13.50%	41.60%	44.90%	22.00%	45.90%	32.10%
县城	12.50%	46.30%	41.20%	18.50%	51.60%	29.90%
乡镇	14.20%	48.40%	37.40%	23.20%	53.60%	23.20%
偏远乡村	15.70%	45.60%	38.70%	29.70%	50.00%	20.30%

最后，从教师团建、文化适应、家校沟通和教学自主权四个方面可知，乡村教师所获得的学校支持和社会支持还有待进一步提高。教师反映学校从未组织过团建活动的比例，乡镇和偏远乡村地区分别为 31.8% 和 39.3%，高于城市地区 9.4 和 16.9 个百分点；教师反映难以适应本地文化氛围的比例，乡镇和偏远乡村地区分别为 14.7% 和 16.7%，高于城市地区 4.6 和 6.6 个百分点；教师反映家校沟通不融洽的比例，乡镇和偏远乡村地区分别为 8.5% 和 8.9%，高于城市地区 3.8 和 4.2 个百分点；教师反映缺乏教学自主权的比例，乡镇和偏远乡村地区分别为 16.0% 和 16.7%，高于城市地区 3.2 和 3.9 个百分点。充分的学校支持和社会支持能更好地帮助乡村教师适应学校教学工作和当地日常生活，有利于教师留职意愿的提升。具体见表 4.14.

表 4.14　城乡教师其他学校因素情况

地区	教师团建	适应文化氛围	家校沟通	教学自主权
	0 次	难适应	不融洽	无
城市	22.40%	10.10%	4.70%	12.80%
县城	26.10%	9.20%	4.50%	13.70%
乡镇	31.80%	14.70%	8.50%	16.00%
偏远乡村	39.30%	16.70%	8.90%	16.70%

第四节　湖南省乡村教师激励性因素基本情况

本研究从教师主观感受、社会地位、职业发展、教师培养等方面对乡村教师的激励性因素现状进行调查。其中，教师主观感受包括了教师生活幸福感、职业倦怠感、职业成就感、工作压力感；社会地位为教师社会地位的自我评价；职业发展包括了教师职称评定现状、职称晋升难度、荣誉获得难度和政策倾斜等方面；教师培养包括了教师培训、教学研讨、教学观摩等方面。

一、教师主观感受

从教师的生活幸福感、职业倦怠感、职业成就感和生活压力感受来看，教师感觉生活幸福感受“低”的比例，乡镇地区和偏远乡村地区分别为30.5%和33.4%，高于城市地区1.9和4.8个百分点；教师感觉职业倦怠感“高”的比例，乡镇地区和偏远乡村地区略高于城市地区，但是低于县城地区；教师感觉职业成就感“低”的比例，乡镇地区和偏远乡村地区分别为25.5%和26.5%，高于城市地区2.1和3.1个百分点；教师感觉工作压力“高”的比例，城乡教师均超过50%，但是乡镇地区和偏远乡村地区均低于城市和县城地区。生活幸福感不高、职业倦怠感高、职业成就感低和工作压力大是城乡教师的普遍感受，就城乡比较而言，乡村教师在生活幸福感和职业成就感方面感受更加消极，这可能与乡村教学和生活环境有关；职业倦怠感低于县城教师，这可能与乡村地区年轻教师更多有关；工作压力感低于城市和县城教师，一个可能的原因是，乡村地区的竞争压力比城市地区相对低，因此乡村教师虽然工作任务繁重，但是心理压力感受比城市地区相对小。

表4.15　教师主观感受

地区	生活幸福感	职业倦怠感	职业成就感	工作压力感
	低	高	低	高
城市	28.60%	24.40%	23.40%	57.00%

续表

地区	生活幸福感	职业倦怠感	职业成就感	工作压力感
	低	高	低	高
县城	27.30%	28.40%	24.50%	59.70%
乡镇	30.50%	25.40%	25.50%	55.60%
偏远乡村	33.40%	25.20%	26.50%	55.30%

二、社会地位

从教师社会地位自我评价上来看，城乡教师自我评价普遍偏低，从城乡对比上来看，教师认为社会地位“非常低”和“比较低”的比例之和，乡镇地区和偏远乡村地区分别为36.8%和40.3%，高于城市地区4.2和7.7个百分点。

表 4.16　教师社会地位自我评价

地区	社会地位评价				
	非常低	比较低	中等	比较高	非常高
城市	8.10%	24.50%	59.50%	7.10%	0.80%
县城	9.80%	25.30%	57.70%	6.50%	0.70%
乡镇	10.30%	26.50%	55.90%	6.60%	0.70%
偏远乡村	12.50%	27.80%	52.30%	6.70%	0.70%

三、职业发展

从教师目前的职称评定情况上来看，乡镇地区和偏远乡村地区高级职称教师比例分别是 11.1% 和 11.2%，高于城市地区 5.2 和 5.3 个百分点；未评职称和初级职称（三级教师）教师的比例之和，乡镇地区和偏远乡村地区分别为 24.4% 和 26.1%，略低于城市地区，高于县城地区。具体见表 4.17。总体上来说，县城教师职称评定平均水平高于乡镇和偏远乡村地区，乡镇和偏远乡村地区高于城市地区。

表 4.17　城乡教师职称评定情况

地区	职称评定情况					
	未评职称	三级教师	二级教师	一级教师	副高级教师	正高级教师
城市	24.80%	2.10%	32.60%	34.60%	5.90%	0.00%
县城	15.20%	2.10%	30.20%	43.70%	8.70%	0.10%
乡镇	20.70%	3.70%	34.00%	30.50%	11.00%	0.10%
偏远乡村	21.70%	4.40%	32.50%	30.20%	11.10%	0.10%

从教师职称评定通畅程度上来看，教师认为渠道“非常不通畅”和“比较不通畅”的比例之和，乡镇地区和偏远乡村地区分别是 34.0% 和 37.0%，低于城市地区 9.4 和 6.4 个百分点。

从教师获得荣誉的难易程度上来看，超过六成的城乡教师均认为荣誉获得的难度较大。其中，教师认为“非常难”和“比较难”的比例之和，乡镇地区和偏远乡村地区分别是 64.8% 和 68.2%，高于城市地区 1.1 和 4.5 个百分点。具体见表 4.18。

表 4.18　城乡教师职称评定通畅程度和荣誉获得难易程度

地区		城市	县城	乡镇	偏远乡村
职称评定通畅程度	非常不通畅	20.70%	24.80%	14.30%	16.20%
	比较不通畅	22.70%	23.40%	19.70%	20.80%
	中等	35.50%	32.50%	41.20%	39.20%
	比较通畅	18.20%	16.80%	22.40%	21.30%
	非常通畅	2.90%	2.50%	2.40%	2.50%
荣誉表彰难易程度	非常难	26.00%	28.60%	24.00%	28.60%
	比较难	37.70%	40.60%	40.80%	39.60%
	中等	33.00%	27.60%	31.90%	29.00%
	比较容易	3.10%	3.00%	3.10%	2.60%

续表

地区		城市	县城	乡镇	偏远乡村
荣誉表彰难易程度	非常容易	0.20%	0.20%	0.20%	0.20%

四、教师培养

从教师参加的最高级别培训情况来看，参加过省级及以上培训的教师比例，乡镇地区和偏远乡村地区分别为 48.2% 和 45.9%，乡镇地区比例与城市地区大致持平，偏远乡村地区低于城市地区 3.1 个百分点。有超过四成的乡镇和偏远乡村教师只参加过区县及以下级别的培训，该比例高于城市和县城地区，具体见表 4.19。

表 4.19　教师参加培训情况

地区	参加过的最高级别培训					
	未参加	校级培训	区县级培训	市级培训	省级培训	国家级培训
城市	6.30%	13.20%	15.00%	16.50%	21.20%	27.80%
县城	4.50%	9.60%	23.20%	12.30%	19.00%	31.40%
乡镇	4.70%	6.20%	29.40%	11.50%	14.60%	33.60%
偏远乡村	4.90%	6.60%	32.40%	10.20%	13.50%	32.40%

从学校组织集体备课或集中研讨的情况来看，乡村地区明显弱于城镇地区。教师反映学校“经常组织”的比例，乡镇地区和偏远乡村地区分别为 48.6% 和 38.0%，低于城市地区 18.1 和 28.7 个百分点；反映“从不组织”或“较少组织”的比例，乡镇地区和偏远乡村地区分别为 15.5% 和 21.5%，高于城市地区 3 和 9 个百分点。

从学校组织外出观摩学习的情况来看，乡村地区同样明显弱于城镇地区。教师反映学校“经常组织”的比例，乡镇地区和偏远乡村地区分别为 11.9% 和 9.1%，低于城市地区 8.6 和 11.4 个百分点；反映“从不组织”或“较少组织”的比例，乡镇和偏远乡村地区分别为45.9%和51.5%，高于城市地区9.7和15.3个百分点。具体见表4.20。

表4.20 学校组织集体备课、集中研讨和外出观摩学习情况

地区	组织集体备课或集中研讨				组织外出观摩学习			
	从不	较少	有时	经常	从不	较少	有时	经常
城市	2.60%	9.90%	20.90%	66.70%	5.10%	31.10%	43.20%	20.50%
县城	1.20%	9.00%	24.90%	64.80%	7.00%	30.60%	43.20%	19.20%
乡镇	1.50%	14.00%	36.00%	48.60%	9.70%	36.20%	42.20%	11.90%
偏远乡村	2.80%	18.70%	40.50%	38.00%	13.60%	37.90%	39.30%	9.10%

本研究进一步从城乡教师职称晋升和专业培养机会比较方面来侧面反映乡村教师职业发展与培养的政策倾斜情况。从表4.21可知，仅有18.8%的乡镇教师和17%的偏远乡村教师认为职称晋升与专业培养机会比城镇教师大，同时超过半数的偏远乡村教师认为职称晋升与专业培养机会比城镇教师小。

表4.21 乡村教师职称晋升与专业培养机会

地区	职称晋升与专业培养机会		
	比城镇教师多	跟城镇教师差不多	比城镇教师少
乡镇	18.80%	36.80%	44.40%
偏远乡村	17.00%	30.90%	52.10%

综上所述，目前实施的职称评定与教师培养政策已然在一定程度上向乡村地区倾斜，这使得一部分优秀乡村教师得以完成高级职称评定和高级别的培训。但是乡村教师获得荣誉的难度依然较大，这在一定程度上降低了教师的职业成就感。同时乡村学校对教师的培养和支持还有待进一步提高，职称评定与教师培养政策有待进一步完善，提升政策的针对性，使更多的乡村教师，尤其是偏远地区的教师能享受到政策的支持，得到专业发展。

第五节　湖南省乡村教师流失意愿基本情况

本书从当地教师流失情况和教师未来五年职业规划两个方面来衡量湖南省乡村教师的流失情况。

从当地教师流失情况上来看，教师认为本地流失率“比较高”和“非常高”的比例，乡镇地区和偏远乡村地区分别为69%和74.7%，高于城市地区15.5和21.2个百分点。教师的流失现象呈现出显著的城乡地域差异。具体见表4.22。

表4.22　当地教师流失情况

地区	当地教师的流失情况			
	流失率非常低	流失率比较低	流失率比较高	流失率非常高
城市	5.90%	40.70%	39.90%	13.60%
县城	4.60%	43.30%	40.00%	12.10%
乡镇	3.00%	28.10%	48.80%	20.20%
偏远乡村	2.70%	22.70%	50.00%	24.70%

从教师未来五年的职业规划来看，乡镇地区和偏远乡村地区分别有43.7%和47.5%的教师有流动意愿，比城市教师高了10.6和14.4个百分点。其中，分别有34.9%的乡镇教师和33.9%的偏远乡村教师打算迁移至城市地区；5%的乡镇教师和8.9%的偏远乡村教师有意愿在乡村地区内部流动；有3.8%的乡镇教师和4.8%的偏远乡村教师计划离开教师岗位。具体见表4.23。

另一方面，仅有4.1%的城市教师和4.2%的县城教师有前往乡村地区交流任教的意愿，明显少于想要迁移至城镇地区的乡村教师比例。向域性单向流动是造成乡村地区师资匮乏的直接原因。

表 4.23　城乡教师未来五年职业规划

地区	未来五年内的职业规划			
	在原岗位任教	在乡村地区换一所学校任教	在城市（县镇）地区换一所学校任教	离开教师岗位
城市	66.90%	4.10%	26.10%	2.90%
县城	68.10%	4.20%	24.00%	3.70%
乡镇	56.30%	5.00%	34.90%	3.80%
偏远乡村	52.50%	8.90%	33.90%	4.80%

为了进一步探讨教师流动意愿的影响机制，调研组前期前往部分县市区针对影响教师流动意愿的相关因素进行访问，在专家研讨的基础上，列出了对教师流动影响较大的 13 个因素，分别是教师的薪酬和福利待遇、职务或职称晋升机会、父母养老与子女教育问题、工作负担与假期时长、职业倦怠感与职业成就感、当地经济发展与医疗发展水平、培训与交流机会、教师社会地位、学校管理与教学氛围、婚恋状况、对学校及当地生活的适应程度、编制问题等。在后期正式的问卷调查中，要求受访者在 13 个影响因素中，选择影响性最大的六个因素进行排序，表 4.24 和表 4.25 显示了城乡地区受访者的因素排序结果。

表 4.24　乡村地区教师流动意愿影响因素排序

影响因素	第一位	第二位	第三位	第四位	第五位	第六位
薪酬、福利待遇	66.20%	9.30%	5.30%	3.20%	2.50%	2.20%
职务或职称晋升机会	4.60%	36.70%	8.20%	6.90%	6.20%	5.10%
父母养老与子女教育问题	1.80%	6.60%	18.00%	5.60%	5.80%	7.20%
工作负担与假期时长	2.30%	9.00%	13.80%	17.40%	6.60%	6.00%
职业倦怠感与职业成就感	2.40%	2.90%	3.50%	3.70%	7.90%	3.70%

续表

影响因素	第一位	第二位	第三位	第四位	第五位	第六位
当地经济发展与医疗发展水平	2.40%	5.20%	10.20%	12.40%	13.20%	13.40%
培训与交流机会	1.20%	3.70%	6.00%	7.90%	9.60%	10.50%
社会地位	11.00%	10.40%	11.40%	12.60%	11.90%	11.50%
学校管理与教学氛围	1.80%	4.70%	7.30%	8.90%	10.50%	11.40%
婚恋状况	1.80%	4.80%	5.50%	6.90%	8.00%	8.40%
对学校及当地生活的适应程度	1.20%	2.30%	3.70%	5.40%	6.60%	9.20%
编制问题	2.30%	4.00%	6.60%	8.90%	10.70%	10.80%
其他	0.90%	0.40%	0.40%	0.40%	0.50%	0.50%

表 4.25 城镇地区教师流动意愿影响因素排序

影响因素	第一位	第二位	第三位	第四位	第五位	第六位
薪酬、福利待遇	65.40%	8.50%	4.20%	2.50%	1.80%	1.60%
职务或职称晋升机会	6.30%	42.90%	7.80%	4.80%	4.50%	5.40%
父母养老与子女教育问题	2.10%	4.10%	15.40%	4.70%	4.00%	7.00%
工作负担与假期时长	2.00%	6.60%	16.80%	16.70%	5.90%	6.00%
职业倦怠感与职业成就感	3.40%	5.10%	4.80%	5.60%	9.10%	3.80%
当地经济发展与医疗发展水平	2.60%	4.40%	11.30%	16.00%	11.70%	13.10%
培训与交流机会	1.00%	4.20%	6.30%	8.00%	12.10%	10.30%
社会地位	9.70%	8.40%	11.20%	12.90%	13.70%	11.50%
学校管理与教学氛围	1.90%	4.30%	6.40%	10.10%	10.70%	11.50%
婚恋状况	1.20%	4.80%	6.20%	5.40%	7.40%	8.10%

续表

影响因素	第一位	第二位	第三位	第四位	第五位	第六位
对学校及当地生活的适应程度	1.20%	2.90%	3.60%	4.50%	6.60%	8.10%
编制问题	1.90%	3.40%	5.60%	8.50%	12.10%	13.30%
其他	1.40%	0.50%	0.40%	0.20%	0.40%	0.20%

从排序结果来看，有 66.20% 的乡村教师和 65.40% 的城镇教师认为薪酬和福利待遇是影响教师流动最重要的因素；有 36.7% 的乡村教师和 42.90% 的城镇教师认为职务或职称晋升机会为排位第二位的因素，城镇教师认为该项因素至少排位前二的人数比例比乡村教师更大；对于排位第三的影响因素，乡村地区选择父母养老与子女教育问题的教师人数比例最高，为 18.0%，城镇地区选择工作负担与假期时长的教师比例最高，为 16.8%，由此可见，有更多的乡村地区教师苦恼于养老和抚幼问题，而工作压力对城镇教师的困扰更大。

第六节　章节小节

本章基于湖南省乡村教师流失现状调查数据，对湖南省义务教育阶段中小学乡村教师的背景特征、流动意愿和影响教师流动的稳定性因素、激励性因素进行了总体描述。

从教师背景特征来看，乡村样本教师群体主要存在年龄结构不合理，教师经验不足等问题。小学女性教师人数为男性教师的 2.8 倍，30 岁以下的年轻教师和五年以内教龄的新任职教师成为乡村教师队伍的中坚力量。从学历上来看，中学教师以本科学历为主，占据总样本的 84.7%，小学教师以本科学历和专科学历为主，本科学历占据总样本的 64%，专科学历为 33.9%。公开招考和定向培养是乡村教师的主要来源。

从稳定性因素来看，经济方面，教师薪酬城乡差异明显，乡村地区内部差异显著。乡镇地区和偏远乡村地区教师薪酬收入普遍偏低，其中，70.3%

的偏远乡村地区教师月平均收入在4000元以下，即使在经济发展相对优势的乡村地区，依然有半数以上乡村教师的薪酬收入低于当地收入平均水平，且教师的薪酬难以支撑家庭的日常开支。家庭方面，44.7%的乡镇教师和48.1%的偏远乡村教师处于与伴侣两地分居状态，这在一定程度上对家庭支持产生了负面影响。在生活方面，乡村教师住宿环境有待提高，且偏远乡村地区教师前往县城地区的车程较长，教师校外出行不便利，影响了教师异地交流的效率。学校方面，乡村学校留守儿童比例较高，45.9%的乡镇教师和49.7%的偏远乡村教师在校工作时长超过12小时，学生管理等非教学性工作过多，教师工作负荷过重，且学校教学资源配置不足，网络多媒体信息化建设尚不完善，学校人文关怀、管理支持和社会支持有待提高。

从激励性因素来看，心理感受方面，超过三成的乡村教师感觉生活幸福感低，半数以上教师感觉工作压力过大，职业成就感低。社会地位方面，36.8%的乡镇教师和40.3%的偏远乡村教师感觉社会地位低，教师难以感受到身为乡村教师的社会荣誉感。职业发展方面，11.1%的乡镇教师和11.2%的偏远乡村教师获得高级职称，高于城市地区和县城地区，但是超过六成的乡村教师认为获得荣誉表彰的难度很大。从教师培养方面来看，48.2%的乡镇教师和45.9%的偏远乡村教师参加过省级及以上级别的培训，但是乡村学校对教师的支持和培养有待进一步加强，15.5%的乡镇教师和21.5%的偏远乡村教师反映学校较少或从未组织集体备课和集中研讨，且45.9%的乡镇教师和51.5%的偏远乡村教师反映学校较少或从不组织教师外出观摩学习。教师的职称晋升和培训政策在一定程度上已经向乡村地区倾斜，但是由于乡村地区内部存在较大的差异性，因此部分偏远乡村地区教师并不能充分享受到政策的帮扶，政策制定的针对性和政策执行的力度有待进一步加强。

从乡村教师流失情况来看，69%的乡镇教师和74.7%的偏远乡村教师认为本地教师流失率高，且有43.7%的乡镇教师和47.5%的偏远乡村教师有流动意愿，想要前往城市地区的乡村教师比例明显高于愿意前往乡村地区交流任教的城市教师比例。城乡之间单向流动趋势显著。

第五章　教师流动意愿影响机制的参数检验

第一节　变量与数据

（1）流动意愿。在本章节中，用教师“五年内的职业规划”来衡量教师的流动意愿，并重新对该变量进行编码，将“在原岗位任教”定义为“无流动意愿”，将“在乡村地区换一所学校任教”“在城市（县镇）地区换一所学校任教”和“离开教师岗位”定义为“有流动意愿”,分别编码为“0”和“1”。

（2）背景变量。选取教师的性别、年龄、婚姻状况、生育子女个数、受教育情况和教龄。

（2）稳定性因素。参考前文研究，选取教师乡村差异较大的稳定性因素变量，包括教师平均月收入、家庭支出、伴侣两地分居情况，家庭支持，子女教育环境，住宿环境，在校时长，留守儿童比例，专业相符、教学资源配置、多媒体网络建设、集体团建、了解教师困难、职工慰问、文化适应、家校沟通和教学自主权。其中子女教育环境为分类变量，类别之间不存在程度递增关系，因此依据类别定义为虚拟变量，其他变量的编码同前文。

（4）激励性因素。参考前文研究，选取教师乡村差异较大的激励性因素变量，包括教师生活幸福感、职业倦怠感、职业成就感、工作压力感、社会地位评价、职称评定、职称评定难度、荣誉获得难度、教师培训、集体备课研讨和教学观摩。变量的编码同前文。

本研究使用 Logistic 回归对教师流动意愿的影响因素进行参数估计。从前文的研究可知，乡镇地区和偏远乡村地区教师的生活条件、工作状态和流动意愿都有所不同，同时考虑到小学教师和中学教师的背景特征差异和工作差异,本研究分别对乡镇地区、偏远乡村地区中小学教师的流动意愿进行建模，探索不同教师人群流动的影响机制。

第二节　小学教师流动意愿影响因素分析

一、主要变量的单因素方差分析

为了检验不同流动意愿教师的主要背景特征、稳定性因素和激励性因素是否存在显著差异，本书基于单因素方差分析对主要变量进行检验。结果如表 5.1 所示。

表 5.1　不同流动意愿小学教师的主要变量单因素方差检验结果

		平方和	自由度	均方	F 值	显著性
性别	组间	34.837	1	34.837	185.500	0.000
	组内	5014.264	26700	0.188		
	总计	5049.101	26701			
年龄	组间	1785.455	1	1785.455	3247.675	0.000
	组内	14678.697	26700	0.550		
	总计	16464.152	26701			
婚姻状况	组间	250.019	1	250.019	1189.828	0.000
	组内	5610.478	26700	0.210		
	总计	5860.496	26701			
生育情况	组间	707.507	1	707.507	1152.663	0.000
	组内	16388.523	26700	0.614		
	总计	17096.031	26701			
受教育状况	组间	265.352	1	265.352	988.092	0.000
	组内	7170.278	26700	0.269		
	总计	7435.630	26701			

续表

		平方和	自由度	均方	F 值	显著性
教龄	组间	9542.061	1	9542.061	3630.255	0.000
	组内	70180.480	26700	2.628		
	总计	79722.541	26701			
月平均收入	组间	1405.569	1	1405.569	1182.901	0.000
	组内	31725.967	26700	1.188		
	总计	33131.536	26701			
年家庭支出	组间	83.761	1	83.761	34.372	0.000
	组内	65064.351	26700	2.437		
	总计	65148.112	26701			
伴侣两地分居	组间	247.236	1	247.236	1085.785	0.000
	组内	4544.721	19959	0.228		
	总计	4791.958	19960			
家庭支持	组间	730.440	1	730.440	1674.536	0.000
	组内	11646.658	26700	0.436		
	总计	12377.097	26701			
子女教育环境	组间	902.009	1	902.009	911.013	0.000
	组内	26436.134	26700	0.990		
	总计	27338.143	26701			
住宿环境	组间	480.191	1	480.191	1045.615	0.000
	组内	12261.787	26700	0.459		
	总计	12741.978	26701			
平均在校时长	组间	611.949	1	611.949	589.416	0.000
	组内	27720.750	26700	1.038		
	总计	28332.699	26701			

续表

		平方和	自由度	均方	F 值	显著性
留守儿童比例	组间	340.543	1	340.543	674.173	0.000
	组内	13486.904	26700	0.505		
	总计	13827.447	26701			
专业匹配	组间	225.153	1	225.153	539.900	0.000
	组内	11134.627	26700	0.417		
	总计	11359.780	26701			
教学资源配置	组间	235.308	1	235.308	393.061	0.000
	组内	15984.096	26700	0.599		
	总计	16219.405	26701			
网络多媒体建设	组间	61.577	1	61.577	175.929	0.000
	组内	9345.300	26700	0.350		
	总计	9406.877	26701			
集体团建	组间	110.342	1	110.342	349.266	0.000
	组内	8435.257	26700	0.316		
	总计	8545.600	26701			
了解教师困难	组间	416.539	1	416.539	902.885	0.000
	组内	12317.834	26700	0.461		
	总计	12734.373	26701			
职工慰问	组间	531.150	1	531.150	1130.384	0.000
	组内	12545.917	26700	0.470		
	总计	13077.067	26701			
文化适应	组间	436.806	1	436.806	1294.834	0.000
	组内	9007.108	26700	0.337		
	总计	9443.914	26701			

续表

		平方和	自由度	均方	F 值	显著性
家校沟通	组间	143.548	1	143.548	634.963	0.000
	组内	6036.154	26700	0.226		
	总计	6179.702	26701			
教学自主权	组间	33.204	1	33.204	257.972	0.000
	组内	3436.563	26700	0.129		
	总计	3469.766	26701			
生活幸福感	组间	1204.720	1	1204.720	1694.508	0.000
	组内	18982.522	26700	0.711		
	总计	20187.243	26701			
职业倦怠感	组间	651.785	1	651.785	794.046	0.000
	组内	21916.424	26700	0.821		
	总计	22568.209	26701			
职业成就感	组间	932.362	1	932.362	1409.992	0.000
	组内	17655.463	26700	0.661		
	总计	18587.825	26701			
工作压力感	组间	163.122	1	163.122	263.629	0.000
	组内	16520.813	26700	0.619		
	总计	16683.935	26701			
社会地位评价	组间	367.592	1	367.592	581.749	0.000
	组内	16871.015	26700	0.632		
	总计	17238.606	26701			
职称评定	组间	1417.458	1	1417.458	975.543	0.000
	组内	38794.941	26700	1.453		
	总计	40212.399	26701			

续表

		平方和	自由度	均方	F 值	显著性
职称评定难度	组间	49.635	1	49.635	44.220	0.000
	组内	29969.255	26700	1.122		
	总计	30018.889	26701			
荣誉获得难度	组间	71.069	1	71.069	104.581	0.000
	组内	18144.178	26700	0.680		
	总计	18215.247	26701			
教师培训	组间	439.881	1	439.881	187.013	0.000
	组内	62802.348	26700	2.352		
	总计	63242.229	26701			
集体备课研讨	组间	618.767	1	618.767	1053.962	0.000
	组内	15675.219	26700	0.587		
	总计	16293.986	26701			
观摩学习	组间	578.444	1	578.444	823.567	0.000
	组内	18753.112	26700	0.702		
	总计	19331.556	26701			

从表 5.1 可知，对于不同流动意愿的教师，其背景特征、稳定性因素和激励性因素均具有显著差异，可以推测这些变量均对教师流动意愿的产生造成了影响。

二、小学教师流动意愿的 Logistic 回归模型

为了进一步探索教师背景特征、稳定性因素和激励性因素对小学教师流动意愿的影响，本研究通过建立 Logistic 模型来分别验证乡镇小学教师和偏远乡村小学教师流动意愿的影响机制。表 5.2 显示了 Logistic 模型拟合效果。

表 5.2 乡镇、偏远乡村地区小学教师 Logistic 模型拟合优度检验结果

	Hosmer–Lemeshow 检验			Cox & Snell R^2	Nagelkerke R^2	预测准确率
	卡方值	自由度	显著性			
乡镇	5.027	8	0.755	0.229	0.309	72.8%
偏远乡村	14.214	8	0.076	0.255	0.342	72.8%

从表 5.2 可知，乡镇和偏远乡村地区小学教师 Logistic 模型 Hosmer–Lemeshow 检验 P 值分别为 0.755 和 0.076，大于 0.05，通过拟合优度检验，Nagelkerke R^2 分别为 0.309 和 0.342，模型预测准确率均为 72.8%，模型拟合较好。模型拟合结果见表 5.3 与表 5.4。

表 5.3 乡镇小学教师流动意愿 Logistic 模型拟合结果

	系数	标准误	Wals 值	自由度	显著性	优势比
性别	0.249	0.076	10.788	1	0.001	1.283
年龄	–0.532	0.068	61.769	1	0.000	0.588
婚姻	–0.030	0.115	0.068	1	0.795	0.971
生育	0.038	0.064	0.346	1	0.557	1.038
受教育	0.234	0.064	13.173	1	0.000	1.263
教龄	–0.355	0.034	108.657	1	0.000	0.701
平均月收入	–0.022	0.034	0.423	1	0.515	0.978
家庭支出	0.019	0.019	0.933	1	0.334	1.019
两地分居	0.179	0.062	8.396	1	0.004	1.196
家庭支持	–0.382	0.048	64.003	1	0.000	0.682
子女教育环境			3.952	3	0.267	
子女教育环境（1）	–0.222	0.154	2.069	1	0.150	0.801
子女教育环境（2）	–0.130	0.092	1.988	1	0.159	0.878
子女教育环境（3）	–0.169	0.091	3.409	1	0.065	0.845

续表

	系数	标准误	Wals 值	自由度	显著性	优势比
住宿环境	–0.088	0.047	3.611	1	0.057	0.915
在校时长	0.106	0.029	13.753	1	0.000	1.112
留守儿童比例	0.133	0.046	8.539	1	0.003	1.143
专业相符	–0.054	0.043	1.565	1	0.211	0.947
教学资源	–0.043	0.044	0.965	1	0.326	0.957
多媒体网络建设	0.023	0.054	0.182	1	0.670	1.023
集体团建	–0.045	0.058	0.608	1	0.435	0.956
了解教师生活困难	–0.120	0.052	5.286	1	0.021	0.887
职工慰问	–0.098	0.052	3.592	1	0.058	0.906
文化适应	–0.194	0.060	10.496	1	0.001	0.824
家校沟通	0.024	0.068	0.129	1	0.719	1.025
教学自主权	–0.027	0.079	0.121	1	0.728	0.973
生活幸福感	–0.115	0.044	6.768	1	0.009	0.891
职业倦怠感	0.180	0.036	24.895	1	0.000	1.197
职业成就感	–0.138	0.045	9.436	1	0.002	0.872
工作压力感	0.059	0.041	2.080	1	0.149	1.061
社会地位评价	0.095	0.043	4.772	1	0.029	1.099
职称评定	0.158	0.041	15.027	1	0.000	1.171
职称评定难度	0.025	0.031	0.618	1	0.432	1.025
荣誉获得难度	0.072	0.038	3.540	1	0.060	1.075
教师培训	0.007	0.021	0.119	1	0.730	1.007
集体备课	–0.114	0.041	7.663	1	0.006	0.892
教学观摩	–0.117	0.040	8.515	1	0.004	0.890
常量	2.382	0.463	26.423	1	0.000	10.822

表 5.4　偏远乡村小学教师流动意愿 Logistic 模型拟合结果

	系数	标准误	Wals 值	自由度	显著性	优势比
性别	0.222	0.065	11.629	1	0.001	1.249
年龄	−0.472	0.062	58.054	1	0.000	0.624
婚姻	−0.179	0.114	2.465	1	0.116	0.836
生育	0.127	0.058	4.784	1	0.029	1.135
受教育	0.326	0.051	41.162	1	0.000	1.386
教龄	−0.364	0.031	137.870	1	0.000	0.695
平均月收入	0.020	0.029	0.474	1	0.491	1.020
家庭支出	0.007	0.018	0.147	1	0.701	1.007
两地分居	0.128	0.057	5.049	1	0.025	1.137
家庭支持	−0.478	0.042	127.623	1	0.000	0.620
子女教育环境			11.073	3	0.011	
子女教育环境（1）	−0.165	0.147	1.262	1	0.261	0.848
子女教育环境（2）	−0.122	0.084	2.118	1	0.146	0.885
子女教育环境（3）	−0.273	0.087	9.911	1	0.002	0.761
住宿环境	−0.037	0.042	0.777	1	0.378	0.963
在校时长	0.028	0.026	1.140	1	0.286	1.029
留守儿童比例	0.029	0.040	0.533	1	0.466	1.029
专业相符	−0.156	0.043	12.925	1	0.000	0.856
教学资源	−0.071	0.040	3.172	1	0.075	0.926
多媒体网络建设	−0.084	0.048	3.103	1	0.078	0.919
集体团建	0.031	0.053	0.357	1	0.550	1.032
了解生活困难	−0.014	0.046	0.088	1	0.766	0.986
职工慰问	−0.073	0.047	2.425	1	0.119	0.930
文化适应	−0.258	0.053	23.480	1	0.000	0.773

续表

	系数	标准误	Wals 值	自由度	显著性	优势比
家校沟通	0.150	0.060	6.159	1	0.013	1.161
教学自主权	0.048	0.073	0.421	1	0.516	1.049
生活幸福感	–0.122	0.041	8.904	1	0.003	0.885
职业倦怠感	0.146	0.033	19.364	1	0.000	1.157
职业成就感	–0.136	0.041	10.935	1	0.001	0.873
工作压力感	0.138	0.037	13.678	1	0.000	1.148
社会地位评价	0.064	0.038	2.760	1	0.097	1.066
职称评定	0.122	0.035	11.878	1	0.001	1.129
职称评定难度	0.000	0.029	0.000	1	0.991	1.000
荣誉获得难度	0.023	0.035	0.422	1	0.516	1.023
教师培训	0.021	0.019	1.248	1	0.264	1.022
集体备课	–0.163	0.037	19.068	1	0.000	0.849
教学观摩	–0.164	0.037	19.299	1	0.000	0.849
常量	2.974	0.416	51.066	1	0.000	19.580

其中，子女教育环境为分类变量，以“子女正在（或将在）当地接受教育，对当地教育环境不满意”为参照分类[即模型中的“子女教育环境”变量]，类别 1“没有子女”[即模型中的“子女教育环境（1）”变量]、类别 2“子女未在工作地接受教育”[即模型中的“子女教育环境（2）”变量]、类别 3“子女正在（或将在）当地接受教育，对当地教育环境很满意”[即模型中的“子女教育环境（3）”]参与模型拟合。

从表 5.3 可知，对于乡镇小学教师，性别、受教育程度、配偶两地分居、在校时长、留守儿童比例、职业倦怠感、职称评定均在 1% 的水平上正向显著，社会地位评价在 5% 的水平上正向显著，荣誉获得难度（反向编码）在 10% 的水平上正向显著。而年龄、教龄、家庭支持、文化适应、生活幸福感、职业成就感、集体备课和教学观摩在 1% 的水平上负向显著，了解教师生活困难在5%的水平上负向显著，子女教育环境（3）、住宿环境、职工慰问在10%的水平上负向显著。

其中男性教师比女性教师更容易流失，男性教师的流动意愿是女性教师的1.283倍；教师学历越高，教师的流动意愿更强烈，学历每提升一个层级，教师的流动意愿提升0.263倍；伴侣两地分居的教师流动意愿更加强烈，是未分居教师流动意愿的1.196倍；在校时长越长，教师的流动意愿更强烈，在校时长每提升一个等级，教师的流动意愿提升0.112倍；学校留守儿童比例越高，教师的流动意愿越强烈，学校留守儿童比例每提升一个等级，教师的流动意愿提升0.143倍；职业倦怠感越强，教师的流动意愿越强烈，教师的职业倦怠感每提升一个程度，教师的流动意愿提升0.197倍；高职称教师更有可能流失，职称每提升一个等级，教师的流动意愿提升0.171倍；社会地位自我评价高的教师流动意愿更强烈，自我评价每提升一个等级，教师的流动意愿提升0.099倍；荣誉获得的难度越小，教师的流动意愿越强烈，荣誉获得的难度每降低一个层次，教师的流动意愿提升0.075倍。

年龄越大的教师更愿意留任，教师年龄每提升一个层级，教师的流动意愿降低0.412倍（0.412=1–0.588）；教龄越长的教师更愿意留任，教师教龄每提升一个层级，教师的流动意愿降低0.299倍（0.299=1–0.701）；家庭支持对教师留任产生了显著的积极影响，家庭支持每提升一个等级，教师的流动意愿降低0.318倍（0.318=1–0.682）；文化适应越强的教师流动意愿越低，教师的文化适应程度每提升一个等级，教师的流动意愿降低0.176倍（0.176=1–0.824）；生活幸福感越强的教师流动意愿越低，生活幸福感每提升一个等级，教师的流动意愿降低0.109倍（0.109=1–0.891）；职业成就感越强的教师更有可能留任，教师的职业成就感每提升一个等级，教师的流动意愿降低0.128倍（0.128=1–0.872）；集体备课和教学观摩均对教师的留任产生了积极的影响，集体备课频率和教学观摩频率每提升一个等级，教师的流动意愿分别降低0.108倍和0.110倍（0.108=1–0.892；0.110=1–0.890）；学校能够及时了解教师的生活困难和心理困难可以有效降低教师的流动意愿，学校对教师的了解每提升一个等级，教师的流动意愿降低0.113倍（0.113=1–0.887）；学校对教师职工慰问的频率对教师的留任产生了积极的影响，职工慰问的频率每提升一个等级，教师流动意愿降低 0.094 倍（0.094=1–0.906）；好的子女教育环境和住宿环境有助于教师留任，对当地教育环境满意的教师，其流动意愿是不满意教师的 0.845 倍，教师对住宿环境的评价每提升一个等级，其流动意愿降低 0.085 倍（0.085=1–0.915）。

从表 5.4 可知，对于乡村小学教师，性别、受教育程度、职业倦怠感、工作压力感、职称评定均在 1% 的水平上正向显著，生育状况、配偶两地分居、家校沟通（反向编码）在 5% 的水平上正向显著，社会地位评价在 10% 的水平上正向显著。而年龄、教龄、家庭支持、子女教育环境（3）、专业匹配、文化适应、生活幸福感、职业成就感、集体备课和教学观摩在 1% 的水平上负向显著，教学资源配置、多媒体网络建设在 10% 的水平上负向显著。

其中男性教师比女性教师更容易流失，男性教师的流动意愿是女性教师的 1.249 倍；教师学历越高，教师的流动意愿更强烈，学历每提升一个层级，教师的流动意愿提升 0.386 倍；职业倦怠感和工作压力感越强，教师的流动意愿越强烈，教师的职业倦怠感和工作压力感每提升一个程度，教师的流动意愿分别提升 0.157 倍和 0.148 倍；高职称教师更有可能流失，职称每提升一个等级，教师的流动意愿提升 0.129 倍；教师的生育状况对教师的流动产生正向的影响，教师生育的孩子越多，教师的流动意愿越强烈，每多一个孩子，流动意愿提升 0.135 倍；伴侣两地分居的教师流动意愿更加强烈，是未分居教师流动意愿的 1.137 倍；良好的家校沟通有助于教师的留任，家校沟通的难度每提升一个等级，教师的流动意愿提升 0.161 倍；社会地位自我评价高的教师流动意愿更强烈，自我评价每提升一个等级，教师的流动意愿提升 0.066 倍。

年龄越大的教师更愿意留任，教师年龄每提升一个层级，教师的流动意愿降低 0.376 倍（0.376=1–0.624）；教龄越长的教师更愿意留任，教师教龄每提升一个层级，教师的流动意愿降低 0.305 倍（0.305=1–0.695）；家庭支持对教师留任产生了显著的积极影响，家庭支持每提升一个等级，教师的流动意愿降低 0.380 倍（0.380=1–0.620）；好的子女教育环境有助于教师留任，对当地教育环境满意的教师，其流动意愿是不满意教师的 0.761 倍；提升教师专业匹配度对教师留任产生正向影响，教师专业匹配的程度每提升一个等级，教师流动的意愿降低 0.144 倍（0.144=1–0.856）；文化适应越强的教师流动意愿越低，教师的文化适应程度每提升一个等级，教师的流动意愿降低 0.227 倍（0.227=1–0.773）；生活幸福感越强的教师流动意愿越低，生活幸福感每提升一个等级，教师的流动意愿降低 0.115 倍（0.115=1–0.885）；职业成就感越强的教师更有可能留任，教师的职业成就感每提升一个等级，教师的流动意愿降低 0.127 倍（0.127=1–0.873）；集体备课和教学观摩均对教师的留任产生了积极的影响，集体备课频率和教学观摩频率每提升一个等级，教师的流动意愿均降低 0.151 倍（0.151=1–0.849）；学校教学资源配置和多媒体网络建设的完善有助于教师留任，教学资源配置和多媒体网络建设的完善程度每提升一个等级，教师的流动意愿分别降低 0.074 倍（0.074=1–0.926）和 0.081 倍（0.081=1–0.919）。

第三节　中学教师流动意愿影响因素分析

一、主要变量的单因素方差分析

本研究通过建立 Logistic 模型来分别验证乡镇中学教师和偏远乡村中学教师背景特征、稳定性因素和激励性因素对教师流动意愿的影响。表 5.5 显示了 Logistic 模型拟合效果。

表 5.5　不同流动意愿中学教师的主要变量单因素方差检验结果

		平方和	自由度	均方	F 值	显著性
性别	组间	40.255	1	40.255	166.971	0.000
	组内	2628.364	10902	0.241		
	总计	2668.619	10903			
年龄	组间	1055.189	1	1055.189	1745.197	0.000
	组内	6591.617	10902	0.605		
	总计	7646.805	10903			

续表

		平方和	自由度	均方	F值	显著性
婚姻状况	组间	136.378	1	136.378	647.807	0.000
	组内	2295.119	10902	0.211		
	总计	2431.497	10903			
生育情况	组间	294.731	1	294.731	522.923	0.000
	组内	6144.617	10902	0.564		
	总计	6439.348	10903			
受教育状况	组间	28.069	1	28.069	207.621	0.000
	组内	1473.894	10902	0.135		
	总计	1501.963	10903			
教龄	组间	4948.530	1	4948.530	1789.856	0.000
	组内	30141.464	10902	2.765		
	总计	35089.994	10903			
月平均收入	组间	1008.914	1	1008.914	792.797	0.000
	组内	13873.900	10902	1.273		
	总计	14882.814	10903			
年家庭支出	组间	65.084	1	65.084	27.406	0.000
	组内	25890.120	10902	2.375		
	总计	25955.205	10903			
伴侣两地分居	组间	111.434	1	111.434	484.324	0.000
	组内	1874.013	8145	0.230		
	总计	1985.447	8146			
家庭支持	组间	261.962	1	261.962	592.593	0.000
	组内	4819.347	10902	0.442		
	总计	5081.309	10903			

续表

		平方和	自由度	均方	F 值	显著性
子女教育环境	组间	423.283	1	423.283	425.395	0.000
	组内	10847.866	10902	0.995		
	总计	11271.149	10903			
住宿环境	组间	220.672	1	220.672	460.168	0.000
	组内	5228.009	10902	0.480		
	总计	5448.681	10903			
平均在校时长	组间	231.749	1	231.749	214.549	0.000
	组内	11775.952	10902	1.080		
	总计	12007.701	10903			
留守儿童比例	组间	77.737	1	77.737	196.436	0.000
	组内	4314.325	10902	0.396		
	总计	4392.062	10903			
专业匹配	组间	39.589	1	39.589	86.251	0.000
	组内	5003.974	10902	0.459		
	总计	5043.562	10903			
教学资源配置	组间	68.613	1	68.613	123.461	0.000
	组内	6058.747	10902	0.556		
	总计	6127.360	10903			
网络多媒体建设	组间	14.832	1	14.832	45.236	0.000
	组内	3574.648	10902	0.328		
	总计	3589.480	10903			
集体团建	组间	19.894	1	19.894	62.292	0.000
	组内	3481.814	10902	0.319		
	总计	3501.708	10903			

续表

		平方和	自由度	均方	F值	显著性
了解教师困难	组间	106.748	1	106.748	238.877	0.000
	组内	4871.819	10902	0.447		
	总计	4978.567	10903			
职工慰问	组间	136.115	1	136.115	297.931	0.000
	组内	4980.780	10902	0.457		
	总计	5116.895	10903			
文化适应	组间	172.070	1	172.070	509.691	0.000
	组内	3680.477	10902	0.338		
	总计	3852.547	10903			
家校沟通	组间	52.348	1	52.348	234.329	0.000
	组内	2435.439	10902	0.223		
	总计	2487.787	10903			
教学自主权	组间	11.045	1	11.045	81.484	0.000
	组内	1477.709	10902	0.136		
	总计	1488.754	10903			
生活幸福感	组间	484.009	1	484.009	685.881	0.000
	组内	7693.264	10902	0.706		
	总计	8177.274	10903			
职业倦怠感	组间	281.303	1	281.303	341.980	0.000
	组内	8967.652	10902	0.823		
	总计	9248.954	10903			
职业成就感	组间	374.100	1	374.100	536.963	0.000
	组内	7595.385	10902	0.697		
	总计	7969.485	10903			

续表

		平方和	自由度	均方	F值	显著性
工作压力感	组间	86.412	1	86.412	138.733	0.000
	组内	6790.487	10902	0.623		
	总计	6876.899	10903			
社会地位评价	组间	110.240	1	110.240	178.192	0.000
	组内	6744.621	10902	0.619		
	总计	6854.861	10903			
职称评定	组间	948.382	1	948.382	625.833	0.000
	组内	16520.794	10902	1.515		
	总计	17469.176	10903			
职称评定难度	组间	0.014	1	0.014	0.012	0.912
	组内	12508.235	10902	1.147		
	总计	12508.249	10903			
荣誉获得难度	组间	3.527	1	3.527	4.950	0.026
	组内	7769.177	10902	0.713		
	总计	7772.704	10903			
教师培训	组间	328.174	1	328.174	144.505	0.000
	组内	24758.711	10902	2.271		
	总计	25086.885	10903			
集体备课研讨	组间	158.084	1	158.084	263.195	0.000
	组内	6548.110	10902	0.601		
	总计	6706.194	10903			
观摩学习	组间	67.515	1	67.515	101.322	0.000
	组内	7264.467	10902	0.666		
	总计	7331.982	10903			

从表 5.5 可知，对于不同流动意愿的教师，除了“职称评定难度”，其背景特征、稳定性因素和激励性因素均具有显著差异，可以推测这些变量均对教师流动意愿的产生造成了影响。

二、中学教师流动意愿的 Logistic 回归模型

为了进一步探索教师背景特征、稳定性因素和激励性因素对中学教师流动意愿的影响，本研究通过建立 Logistic 模型来分别验证乡镇中学教师和偏远乡村中学教师流动意愿的影响机制。表 5.6 显示了 Logistic 模型拟合效果。

表 5.6　乡镇、偏远乡村地区中学教师 Logistic 模型拟合优度检验结果

	Hosmer–Lemeshow 检验			Cox & Snell R^2	Nagelkerke R^2	预测准确率
	卡方	自由度	显著性			
乡镇	15.357	8	0.053	0.247	0.336	74.1%
偏远乡村	11.011	8	0.201	0.274	0.368	74.6%

从表 5.6 可知，乡镇和偏远乡村地区中学教师 Logistic 模型 Hosmer–Lemeshow 检验 P 值分别为 0.053 和 0.201，大于 0.05，通过拟合优度检验，Nagelkerke R^2 分别为 0.336 和 0.368，模型预测准确率分别为 74.1% 和 74.6%，模型拟合较好。模型拟合结果见表 5.7 与表 5.8。

表 5.7　乡镇中学教师流动意愿 Logistic 模型拟合结果

	系数	标准误	Wals 值	自由度	显著性	优势比
性别	0.338	0.088	14.821	1	0.000	1.401
年龄	–0.768	0.094	66.145	1	0.000	0.464
婚姻	–0.182	0.156	1.357	1	0.244	0.834
生育	0.175	0.086	4.194	1	0.041	1.192
受教育	0.285	0.114	6.310	1	0.012	1.330
教龄	–0.350	0.046	57.436	1	0.000	0.705

续表

	系数	标准误	Wals 值	自由度	显著性	优势比
平均月收入	−0.050	0.044	1.279	1	0.258	0.952
家庭支出	−0.024	0.026	0.866	1	0.352	0.976
两地分居	0.355	0.081	19.357	1	0.000	1.426
家庭支持	−0.408	0.063	41.975	1	0.000	0.665
子女教育环境			11.738	3	0.008	
子女教育环境（1）	−0.514	0.207	6.166	1	0.013	0.598
子女教育环境（2）	−0.346	0.118	8.658	1	0.003	0.708
子女教育环境（3）	−0.364	0.122	8.899	1	0.003	0.695
住宿环境	−0.051	0.061	0.691	1	0.406	0.950
在校时长	0.062	0.037	2.735	1	0.098	1.064
留守儿童比例	0.074	0.065	1.293	1	0.255	1.077
专业相符	−0.018	0.055	0.104	1	0.747	0.982
教学资源	−0.007	0.060	0.012	1	0.912	0.993
多媒体网络建设	−0.038	0.074	0.262	1	0.609	0.963
集体团建	−0.055	0.074	0.557	1	0.456	0.946
了解生活困难	−0.024	0.071	0.115	1	0.734	0.976
职工慰问	0.035	0.071	0.243	1	0.622	1.035
文化适应	−0.338	0.080	17.860	1	0.000	0.713
家校沟通	0.126	0.093	1.836	1	0.175	1.135
教学自主权	−0.096	0.105	0.842	1	0.359	0.908
生活幸福感	−0.020	0.061	0.106	1	0.745	0.981
职业倦怠感	0.149	0.048	9.575	1	0.002	1.161
职业成就感	−0.166	0.058	8.306	1	0.004	0.847
工作压力感	0.144	0.054	7.028	1	0.008	1.155

续表

	系数	标准误	Wals 值	自由度	显著性	优势比
社会地位评价	0.022	0.058	0.145	1	0.703	1.022
职称评定	0.194	0.055	12.357	1	0.000	1.214
荣誉获得难度	0.107	0.049	4.811	1	0.028	1.113
教师培训	0.027	0.030	0.791	1	0.374	1.027
集体备课	–0.198	0.054	13.534	1	0.000	0.821
教学观摩	–0.041	0.055	0.570	1	0.450	0.960
常量	2.531	0.637	15.805	1	0.000	12.564

表 5.8　偏远乡村中学教师流动意愿 Logistic 模型拟合结果

	系数	标准误	Wals 值	自由度	显著性	优势比
性别	0.156	0.112	1.948	1	0.163	1.169
年龄	–0.555	0.120	21.296	1	0.000	0.574
婚姻	–0.367	0.218	2.837	1	0.092	0.693
生育	0.191	0.107	3.184	1	0.074	1.210
受教育	0.227	0.126	3.263	1	0.071	1.255
教龄	–0.387	0.059	43.578	1	0.000	0.679
平均月收入	0.062	0.052	1.425	1	0.233	1.064
家庭支出	0.087	0.033	7.072	1	0.008	1.091
两地分居	0.374	0.102	13.557	1	0.000	1.454
家庭支持	–0.430	0.075	32.902	1	0.000	0.650
子女教育环境			5.179	3	0.159	
子女教育环境（1）	0.001	0.266	0.000	1	0.996	1.001
子女教育环境（2）	–0.271	0.143	3.610	1	0.057	0.762
子女教育环境（3）	–0.280	0.153	3.353	1	0.067	0.756

续表

	系数	标准误	Wals 值	自由度	显著性	优势比
住宿环境	0.011	0.076	0.022	1	0.882	1.011
在校时长	0.123	0.051	5.772	1	0.016	1.131
留守儿童比例	0.198	0.084	5.558	1	0.018	1.219
专业相符	–0.130	0.073	3.234	1	0.072	0.878
教学资源	–0.008	0.074	0.012	1	0.912	0.992
多媒体网络建设	–0.016	0.092	0.030	1	0.862	0.984
集体团建	–0.016	0.095	0.026	1	0.871	0.985
了解生活困难	0.112	0.089	1.591	1	0.207	1.118
职工慰问	–0.012	0.086	0.021	1	0.886	0.988
文化适应	–0.335	0.099	11.468	1	0.001	0.716
家校沟通	0.091	0.113	0.647	1	0.421	1.095
教学自主权	–0.299	0.127	5.527	1	0.019	0.742
生活幸福感	–0.236	0.079	9.007	1	0.003	0.790
职业倦怠感	0.048	0.062	0.593	1	0.441	1.049
职业成就感	–0.190	0.074	6.600	1	0.010	0.827
工作压力感	0.090	0.068	1.750	1	0.186	1.094
社会地位评价	0.167	0.072	5.399	1	0.020	1.181
职称评定	0.236	0.072	10.831	1	0.001	1.266
荣誉获得难度	0.182	0.062	8.716	1	0.003	1.200
教师培训	–0.023	0.038	0.379	1	0.538	0.977
集体备课	–0.173	0.069	6.238	1	0.013	0.841
教学观摩	–0.048	0.069	0.481	1	0.488	0.954
常量	2.006	0.823	5.941	1	0.015	7.430

从表 5.7 来看，对于乡镇中学教师，性别、伴侣两地分居、职业倦怠感、

工作压力感、职称评定在 1% 的水平上正向显著，生育、受教育程度、荣誉获得难度（反向编码）在 5% 的水平上正向显著，在校时长在 10% 的水平上正向显著。而教师年龄、教龄、家庭支持、子女教育环境（2）、子女教育环境（3）、文化适应、职业成就感、集体备课研讨在 1% 的水平上负向显著，子女教育环境（1）在 5% 的水平上负向显著。

其中，男性教师比女性教师更容易流动，男性教师流动的意愿是女性教师的 1.401 倍；与伴侣两地分居的教师流动的概率更大，与伴侣两地分居的教师，其流动的意愿是未分居教师的 1.426 倍；职业倦怠感和工作压力感对教师的流动产生了正向影响，职业倦怠感和工作压力感每上升一个程度，教师的流动意愿分别提升 0.161 和 0.155 倍；高职称的教师流动意愿更加强烈，教师职称每提升一个等级，教师的流动意愿提升 0.214 倍；教师的生育状况对教师的流动产生正向影响，教师每增加一个子女，其流动意愿提升 0.192 倍；高学历教师更容易流动，教师学历每提升一个等级，教师的流动意愿提升 0.330 倍；教师荣誉获得的难度正向影响了教师的流动，教师获得荣誉的难度每降低一个程度，教师的流动意愿提升 0.113 倍；教师的在校时长对教师流动意愿产生了正向影响，在校时长每提升一个等级，教师的流动意愿提升 0.064 倍。

而教师的年龄越大，教龄越长，教师的流动意愿越低，年龄和教龄每提升一个层级，教师的流动意愿分别降低 0.536 倍（0.536=1−0.464）和 0.295 倍（0.295=1−0.705）；家庭支持对教师留任产生了显著的积极影响，家庭支持每提升一个等级，教师的流动意愿降低 0.335 倍（0.335=1−0.665）；好的子女教育环境有助于教师留任，对当地教育环境满意的教师，其流动意愿是不满意教师的 0.695 倍，除此之外，没有子女的教师是不满意教师的 0.598 倍，子女未在乡村接受教育的教师，其流动意愿是不满意教师的 0.708 倍；文化适应越强的教师流动意愿越低，教师的文化适应程度每提升一个等级，教师的流动意愿降低 0.287 倍（0.287=1−0.713）；职业成就感越强的教师更有可能留任，教师的职业成就感每提升一个等级，教师的流动意愿降低 0.153 倍（0.153=1−0.847）；集体备课对教师的留任产生了积极的影响，集体备课频率每提升一个等级，教师的流动意愿降低 0.179 倍（0.179=1−0.821）。

从表 5.8 可知，对于偏远乡村中学教师，家庭年支出、伴侣两地分居、职称评定、荣誉获得难度在1%的水平上正向显著，在校时长、留守儿童比例、社会地位评价在5%的水平上正向显著，教师生育状况、受教育程度在10%的水平上正向显著；而教师年龄、教龄、家庭支持、文化适应、生活幸福感、职业成就感在1%的水平上负向显著，教学自主权、集体备课在5%的水平上负向显著，教师婚姻状况、子女教育环境（2）、子女教育环境（3）、专业匹配在10%的水平上负向显著。

其中，家庭年支出越高的教师，其岗位流动意愿更加强烈，家庭年均支出每提升一个等级，教师流动意愿提升0.091倍；与伴侣两地分居的教师流动的概率更大，与伴侣两地分居的教师，其流动的意愿是未分居教师的1.454倍；高职称的教师流动意愿更加强烈，教师职称每提升一个等级，教师的流动意愿提升0.266倍；教师荣誉获得的难度正向影响了教师的流动，教师获得荣誉的难度每降低一个程度，教师的流动意愿提升0.200倍；教师的在校时长对教师流动意愿产生了正向影响，在校时长每提升一个等级，教师的流动意愿提升0.131倍；学校留守儿童比例越高，教师流动意愿越强烈，学校留守儿童比例每提升一个程度，教师流动意愿提升0.219倍；社会地位评价越高的教师越容易流动，教师社会地位自我评价每提升一个等级，教师流动意愿提升0.181倍；教师的生育状况对教师的流动产生正向影响，教师每增加一个子女，其流动意愿提升0.210倍；高学历教师更容易流动，教师学历每提升一个等级，教师的流动意愿提升0.255倍。

而教师的年龄越大，教龄越长，教师的流动意愿越低，年龄和教龄每提升一个层级，教师的流动意愿分别降低0.426倍（0.426=1−0.574）和0.321倍（0.321=1−0.679）；家庭支持对教师留任产生了显著的积极影响，家庭支持每提升一个等级，教师的流动意愿降低0.350倍（0.350=1−0.650）；文化适应越强的教师流动意愿越低，教师的文化适应程度每提升一个等级，教师的流动意愿降低0.284倍（0.284=1−0.716）；生活幸福感和职业成就感越强的教师更有可能留任，教师的生活幸福感和职业成就感每提升一个等级，教师的流动意愿分别降低0.210倍（0.210=1−0.790）和0.173倍（0.173=1−0.827）；良好的教学自主权有助于教师的留任，拥有教学自主权的教师，其流动意愿是没有教学自主权教师的0.742倍；集体备课对教师的留任产生了积极的影响，集体备课频率每提升一个等级，教师的流动意愿降低 0.159 倍（0.159=1-0.841）；已婚教师比未婚教师容易留任，已婚教师的流动意愿是未婚教师的 0.693 倍；好的子女教育环境有助于教师留任，对当地教育环境满意的教师，其流动意愿是不满意教师的 0.756 倍，除此之外，子女未在乡村接受教育的教师，其流动意愿是不满意教师的 0.762 倍。

为了进一步探究影响教师流失的主要因素在教师心目中的重要程度，本研究要求受访者对薪酬、福利待遇等 13 类影响因素进行重要性排序。表 5.9 显示了各因素重要性排序结果，依据受访者对各因素的重要性判断计算出综合得分，综合得分越高的因素，在受访者心中越重要。

表 5.9　教师流失影响因素排序

因素	综合得分
薪酬、福利待遇	10.63
职务或职称晋升机会	7.06
父母养老与子女教育问题	6.57
工作负担与假期时长	4.80
职业倦怠感与职业成就感	4.61
当地经济发展与医疗发展水平	4.34
培训与交流机会	4.17
社会地位	4.04
学校管理与教学氛围	3.90
婚恋状况	3.68
对学校及当地生活的适应程度	3.12
编制问题	3.06
其他	0.65

从表 5.9 可知，教师薪酬福利待遇、职务或职称晋升机会、父母养老与子女教育问题重要性排在前三位，综合得分分别为 10.63、7.06 与 6.57，且得分明显高于其他因素。经济因素、职业发展和家庭问题是影响教师前往或留

任乡村的三大主要因素。虽然在本次实证研究中，无论在乡镇地区还是偏远乡村地区，无论是小学教师还是中学教师，薪酬收入都始终不是影响教师流动意愿的显著影响因素，一个可能的理由是，对于乡村教师的经济投入依然过少，受制于地方财政约束，乡村教师的薪酬收入普遍低于城市地区，也远低于社会其他优势行业，即使提供乡村岗位津补助，也远不足以改善乡村教师的经济生活条件，因此，在现有的制度政策下，对教师薪酬收入进行少量的提升无法有效缓解乡村教师的流失。

同时，对乡镇地区、偏远乡村地区中小学教师流动意愿 Logistic 模型拟合结果对比分析发现，男性、高学历、高职称、高社会地位与荣誉获得这几个特征均能较大地提升教师在劳动力市场的竞争力，拥有这些特征的教师就业空间更加宽广，迁移至城市地区或优质学校的难度大大减少。因此，如果教师当前所在学校不具备吸引教师留任的特征，高能力教师的流动意愿将大大提升。乡村教师培养和教师职业发展优先政策的落实为乡村教师队伍建设带来了两难的困境，如果乡村学校缺乏教师培养、职称晋升和荣誉获得的优先政策，将会进一步失去与城市优质学校竞争的能力，难以吸引优秀教师前往乡村任教；同时如果教师能够在乡村地区获得职业的快速发展，将有大量年轻教师以乡村学校为跳板，累积教学经验和职业流动的资本，呈现出“缺乏优秀教师—招聘年轻教师—培养本地教师—流失优秀教师”的循环困境。

最后，老人的赡养问题和子女的教育问题是影响乡村教师流失的第三大核心因素。对于中青年男性教师来说，他们作为家里的经济顶梁柱，一方面需要照顾年迈的父母，另一方面需要承担起子女的家庭教育责任，维护亲子关系。对于高家庭需求的乡村教师，如果乡村社区无法帮助照顾老人，孩子无法接受优质的教育，教师势必无法在乡村地区久留。

结合本研究的实证分析结果可知，降低教师流动意愿，缓解教师流失现状的核心问题在于立足教师专业水平的“慢培养”,宣扬乡村地区的文化特征，提升乡村学校的设施建设，建立乡村教师荣誉制度，解决乡村教师的家庭后顾之忧，只有当教师能够因为在乡村地区任教而收获幸福和职业成就时，乡村学校的教师流失问题才能在根本上得到缓解。

第四节　章节小节

本研究基于Logistic模型，对乡镇地区、偏远乡村地区的中小学教师流动意愿进行影响机制分析，探索教师背景特征、稳定性因素和激励性因素对教师留任的影响。

实证结果显示，对于乡镇小学教师，男性、高学历、高职称、与伴侣两地分居、长时间在校工作、较高的留守儿童比例、较高的职业倦怠感、较高的社会地位评价和太容易获得荣誉奖励均对教师的流动意愿起到正向刺激的效果，而年龄较大、教龄较长、家庭支持良好、对子女教育环境和住宿条件满意、文化适应良好、生活幸福感和职业成就感高、学校经常组织集体备课、教学观摩和人文关怀的教师更倾向于留任。

对于偏远乡村小学教师，男性、有较多子女、高学历、高职称、与伴侣两地分居、较高的职业倦怠感、工作压力大、较高的社会地位评价对教师的流动意愿起到正向刺激的效果，而年龄较大、教龄较长、家庭支持良好、对子女教育环境满意、专业匹配度高、文化适应良好、生活幸福感和职业成就感高、家校沟通融洽、学校教学资源丰富、多媒体网络建设完善、经常组织集体备课、教学观摩的教师更倾向于留任。

对于乡镇中学教师，男性、有较多子女、高学历、高职称、与伴侣两地分居、长时间在校工作、较高的职业倦怠感和工作压力感以及太容易获得荣誉奖励均对教师的流动意愿起到正向刺激的效果，而年龄较大、教龄较长、家庭支持良好、对子女教育环境满意、文化适应良好、职业成就感高、学校经常组织集体备课的教师更倾向于留任。

对于偏远乡村中学教师，有较多子女、高学历、高职称、与伴侣两地分居、家庭开支大、长时间在校工作、较高的留守儿童比例、较高的社会地位评价以及太容易获得荣誉奖励均对教师的流动意愿起到正向刺激的效果，而已婚、年龄较大、教龄较长、家庭支持良好、对子女教育环境满意、专业匹配度高、文化适应良好、有一定的教学自主权、生活幸福感和职业成就感高以及学校经常组织集体备课的教师更倾向于留任。

通过模型对比可知，对于正向影响变量，教师学历、职称评定和与伴侣两地分居在四个模型中均显著；对于负向影响变量，教师年龄与教龄、家庭支持、子女教育环境、文化适应、职业成就感与学校组织集体备课在四个模型中均显著。稳定的家庭关系是教师留任的前提，当教师能够很好地适应本地生活，在乡村地区获得幸福感，体验积极的职业情绪时，教师的流动意愿将大大降低，而对于有流动意愿的教师，高学历、高职称、高荣誉等优势条件进一步降低了教师的流动难度，加快了教师的流动速度。为了避免年轻教师将乡村学校作为积累教学经验和迁移至城市地区的跳板，教育管理部门应当注重教师专业素养的“慢成长”，加强教师研训，为年轻教师提升教学水平提供必要的行政支持，优先对乡村教龄长的教师给予政策支持和物质奖励。

第六章　教师流动意愿影响机制的非参数检验

从上文可知，教师的主观感受对教师的流动产生了较大的影响，而经济收入在教师心中是影响乡村教师流失的核心因素。但是经济因素在前文的参数检验中并不显著，且教师的主观感受受到其他诸多中介因素的影响。为了进一步验证,改善教师经济收入和教师主观感受后,教师流动意愿是否会改变,本研究利用倾向得分匹配方法（PSM）对薪酬收入、教师职业成就感和教师流动意愿之间的因果关系进行深入探索。

第一节　模型设定

如何在调查研究中进行因果推断是一个非常重要的问题，现实生活中自然发生的情景如同实验过程中的处理效应，但是不同于实验研究的是，现实生活中社会活动单元不可能同时出现相应的处理效应，以供研究者进行对比分析。因此，仅仅利用观测组的处理效应来推断变量间的因果关系必定会产生较大的偏差。传统的回归分析虽然在一定程度上可以测量出自变量对因变量的影响性，但是这种影响性有可能受到控制变量或者中介变量的干扰而产生偏差，原本没有相关关系或直接因果关系的两个变量在受到控制变量或者中介变量的影响之后，有可能反而产生相关。近几年，国内外诸多学者纷纷利用反事实分析法对社会学领域中的因果问题进行探究，反事实分析法成为揭示事物因果关系的主要路径。

反事实分析法在特定的条件下，根据研究者的需求，可作出与现实不符合的假设，并在这种假设下进行分析。这种与现实不符的假设主要包括两个方面：一是曾经在现实中发生过的事件，假定它并不存在，并在这种假定条件下分析事物的动态变化；二是不曾在现实中发生过的事件，假定它曾经存在，并在这种假定条件下推断该事件可能引起的长远后果。

本书运用倾向得分匹配方法（PSM）有效地减少因为缺乏控制单元而产生的系统偏差。匹配方法中每一个社会活动单元（处理单元）都对应一个对照单元，对照单元与处理单元需要具有相似的观测特征。当任意两个处理单元之间具有显著的社会背景差异时，处理单元的社会活动结果有可能依赖于控制变量的大小，此时，匹配方法可以为处理效应对社会活动结果的因果影响提供一个无偏估计。

以经济因素为例，在本研究中，教师是否得到高薪酬收入可以看成是处理变量，教师薪酬收入的不同可以对教师的流动意愿带来影响，但是，想要判断经济收入能否带来教师流动意愿差异，需要对教师不同经济收入下的流动意愿进行比较分析，但是遗憾的是，通过社会调查观察到的教师只能处于高薪收入或者低薪收入这两种状态之一，无法同时观察比较。

定义 i 为社会调查个体，Y_{i1} 为个体 i 在高薪酬下的流动意愿，Y_{i0} 为个体 i 在低薪酬下的流动意愿，对于个体 i 而言，薪酬产生的流动意愿变化效应记为 τ_i，$\tau_i = Y_{i1} - Y_{i0}$。在社会调查中，薪酬产生的流动意愿变化效应为总体中高收入群体的期望变化效应，为：

$$\begin{aligned}\tau \mid T = 1 &= E\left(\tau_i \mid T_i = 1\right) \\ &= E\left(Y_{i1} \mid T_i = 1\right) - E\left(Y_{i0} \mid T_i = 1\right)\end{aligned}$$

其中，$T_i = 1(=0)$ 代表个体 i 处于高薪状态低薪状态，因此，在社会调查中，估计的难点在于 $E(Y_{i1} \mid T_i = 1)$ 可以被计算，而 $E(Y_{i0} \mid T_i = 1)$ 由于未被观测无法被计算。虽然高收入群体与低收入群体流动意愿的平均差异 $\tau^e = E(Y_{i1} \mid T_i = 1) - E(Y_{i0} \mid T_i = 0)$ 可以直接计算得出，但这是变化差异为 τ 的有偏估计。如果高收入群体和低收入群体的 Y_{i0} 具有显著的系统差异，那么用低收入群体的平均流动意愿 $E(Y_{i0} \mid T_i = 0)$ 来代替高收入群体在低收入环境下的流动意愿 $E(Y_{i0} \mid T_i = 1)$ 会产生较大的偏差。而这种偏差在社会调查中是无法避免的。PSM 方法的目的在于从低收入群体中，为高收入群体中的教师匹配一个合适的对比个体，使得高收入群组与低收入群组无显著的系统差异，也就是 $\tau|_{T=1} = \tau^{e}$。

为了给高收入群组中的教师匹配合适的对比个体，假定可以利用协变量

集 $\{X_i\}$ 使高收入群组的教师与对比群组的教师无显著系统差异。如果对于任意个体，都可以找到一组协变量 $\{X_i\}$，使得 $Y_{i0} \perp\!\!\!\perp T_i \mid X_i, \forall i$（符号 $\perp\!\!\!\perp$ 代表独立），那么薪酬水平对教师流动意愿的因果影响可以被估计。在这种假定条件下，劳动者是否获得高收入可以由协变量集随机决定，匹配两个观测特征相似的个体，其中一个处于高收入的状态，另一个处于低收入的状态，此时，社会调查可以看成是一组随机实验，两个匹配后的随机个体可以直接进行流动意愿的差异比较。薪酬收入的总效应为所有匹配单元流动意愿差异的均值。

首先，定义 $p(X_i)$ 为教师 i 获得高收入的概率，$p(X_i) \equiv Pr(T_i = 1 \mid X_i) = E(T_i \mid X_i)$，因此，$(Y_{i1}, Y_{i0}) \perp\!\!\!\perp T_i \mid p(X_i)$。可以得出：

$$\tau \mid_{T=1} = E_{p(X)}[(\tau \mid_{T=1,\, p(X)}) \mid T_i = 1]$$

本研究采用 logit 模型对教师获得高收入的概率进行估计：

$$p(X_i) = Logit(X_i \boldsymbol{\beta} + \boldsymbol{\varepsilon}_i)$$

由于教师获得的薪酬收入受到个人特征、工作状态和外部环境的影响，因此教师的个人特征、工作状态和外部环境变量可以作为决定教师是否获得高收入的协变量集。$\boldsymbol{\beta}$ 为协变量系数，因此，可以采用下面公式对 $p(X_i)$ 进行估计：

$$p(X_i) = Pr(T_i = 1 \mid X_i) = \frac{\exp(X_i \boldsymbol{\beta})}{1 + \exp(X_i \boldsymbol{\beta})}$$

基于个人特征、工作状态和外部环境变量计算得出的高收入获得概率可以作为利用 PSM 方法进行配对的倾向分数。通过处理群组与对照群组的一一配对，可以对薪酬收入的流动意愿影响效应进行估计：

$$\hat{\tau} \mid_{T=1} = \frac{1}{|N|} \sum_{i \in N} (Y_i - \frac{1}{|J_i|} \sum_{j \in J_i} Y_j)$$

其中 N 为高收入群组，$|N|$ 为高收入群组的教师数量，J_i 为高收入群组中个体一一匹配的对照群组，$|J_i|$ 为对照群组中的教师数量。

匹配的方式可以多种多样，个体匹配的原则为保证处理组与对照组之间的配对倾向分数距离最小，成功匹配的单元越多，PSM 的估计精度越高，其中一个较为常用的配对方法为最近邻匹配方法，为处理单元匹配倾向分数最

为接近的 m 个对照单元。第二个较为常见的配对方法为半径匹配方法(Radius matching)，设定一个常数 r（可理解为区间或范围，一般设定为小于倾向得分标准差的四分之一），将处理组中得分值与对比组得分值的差异在 r 内进行配对。第三个常见匹配方法为核匹配方法（Kernel Matching ），将处理组样本与由对照组所有样本计算出的一个估计效果进行配对，其中估计效果由处理组个体得分值与对照组所有样本得分值加权平均获得，而权数则由核函数计算得出。

第二节　薪酬收入对教师流动意愿影响的因果分析

一、实施步骤

本书采用倾向得分匹配法（PSM）测算当教师改善核心因素状况之后，可能产生的“反事实意愿”，具体操作步骤如下：

第一步，依据教师的经济收入分类“3000 元以下”、“3000—4000 元”、“4000—5000 元”、“5000—6000 元”、“6000—7000 元”、“7000—8000 元”、“8000 元以上”将教师分类编码为组 1 到组 7。

第二步，将经济收入的最高类别，组 7（8000 元以上），定义为处理组，将剩下六组定义为对照组，处理组为教师最高收入组，对照组均为较低收入组。

第三步，将最高经济收入群组与其他 6 个群组两两合并成为子样本，同时定义处理变量 D：

$$D^j=\begin{cases}1,\ \text{当教师来自最高经济收入群组}\\0,\ \text{当教师来自较低经济收入群组}\end{cases},\ j=1,2,\cdots 6$$

第四步，依据 k 个对教师薪酬收入产生显著影响的因素变量，建立判断个体是否来自较高经济群组的 logit 模型：

$$\frac{P(D_i^j=1)}{1-P(D_i^j=1)}=\exp(\beta_0^j+\beta_1^j x_i^{1j}+\beta_2^j x_i^{2j}+\beta_3^j x_i^{3j}+\cdots\beta_k^j x_i^{kj}+\varepsilon_i^j)$$

其中，j=1,2,⋯,6，β_k^j 为第 j 个组合样本中第 k 个环境变量的待估计系数，

x_i^{kj}为第j个组合样本中，第i个样本在第k个因素变量上的取值。

第五步，以 logit 模型计算出的概率 P 值作为个体在某种情况下获得较高经济收入的倾向得分，以教师的流动意愿作为结果变量进行倾向得分匹配（PSM），从最高经济收入群组中选择较低经济收入群组的流动意愿进行匹配，此时较低经济收入群组获得的匹配流动意愿即为当经济收入提升至最大，同时又保留原有环境属性时，个体所获得的“反事实流动意愿”。

二、教师高水平薪酬收入倾向的 logit 模型估计

通过建立乡镇地区与偏远乡村地区教师的收入决定函数来确定对教师经济收入产生显著影响的核心因素。本书认为教师的个体特征、家庭情况、专业能力、工作状况、当地经济、学校财政等方面均对教师的薪酬收入产生影响。通过教师性别、年龄、教育程度来反映教师个体特征；通过婚姻状况、家庭支持状况来反映教师的家庭情况；通过教师教龄、专业匹配、职称现状、职称评定难度、荣誉获得难度、教师培训来反映教师的专业能力；通过学校类别和在校工作时长来反映教师的工作状况；由于越是贫困的地区，中青年外出务工的比例越大，留守儿童比例也随之更高，因此本研究通过本地居民月平均收入、住宿环境和留守儿童比例几个方面来衡量当地的经济状况；通过教学资源配置、网络多媒体建设情况来反映学校的财政状况。表 6.1 和表 6.2 显示了乡镇教师和偏远乡村教师的收入决定函数拟合结果。

表 6.1　乡镇教师收入决定函数拟合结果

	非标准化系数	标准误	标准系数	t 值	显著性
（常量）	–0.451	0.073		–6.161	0.000
性别	0.167	0.015	0.068	11.489	0.000
年龄	0.241	0.016	0.173	15.387	0.000
学校类别	0.038	0.013	0.016	2.878	0.004
受教育程度	–0.020	0.014	–0.009	–1.455	0.146
婚姻状况	–0.090	0.016	–0.039	–5.678	0.000

续表

	非标准化系数	标准误	标准系数	t 值	显著性
教龄	0.149	0.008	0.230	18.915	0.000
家庭支持	0.084	0.009	0.050	8.905	0.000
住宿环境	0.026	0.009	0.016	2.830	0.005
在校时长	0.033	0.006	0.031	5.713	0.000
当地居民收入	0.294	0.006	0.260	45.944	0.000
留守儿童比例	–0.004	0.010	–0.002	–0.387	0.699
专业匹配	0.000	0.009	0.000	–0.042	0.966
教学资源配置	0.029	0.009	0.020	3.179	0.001
网络多媒体建设	–0.011	0.011	–0.006	–0.944	0.345
职称评定	0.180	0.008	0.204	23.139	0.000
职称评定难度	0.054	0.006	0.050	8.402	0.000
荣誉获得难度	0.034	0.008	0.025	4.384	0.000
教师培训	0.016	0.004	0.022	3.693	0.000
F 值	1063.492（P 值 =0.000）				
R^2 调整	0.516				

表 6.2　偏远乡村教师收入决定函数拟合结果

	非标准化系数	标准误	标准系数	t 值	显著性
（常量）	–0.399	0.078		–5.097	0.000
性别	0.205	0.016	0.083	13.187	0.000
年龄	0.196	0.017	0.138	11.710	0.000
学校类别	0.070	0.016	0.026	4.397	0.000
受教育程度	0.007	0.014	0.003	0.535	0.593
婚姻状况	–0.114	0.018	–0.047	–6.412	0.000

续表

	非标准化系数	标准误	标准系数	t 值	显著性
教龄	0.150	0.008	0.228	17.839	0.000
家庭支持	0.090	0.010	0.054	9.070	0.000
住宿环境	0.027	0.010	0.017	2.730	0.006
在校时长	0.037	0.006	0.034	5.753	0.000
当地居民收入	0.264	0.007	0.230	38.585	0.000
留守儿童比例	–0.048	0.010	–0.027	–4.716	0.000
专业匹配	–0.011	0.010	–0.006	–1.042	0.297
教学资源配置	0.020	0.010	0.013	1.984	0.047
网络多媒体建设	–0.003	0.012	–0.002	–0.279	0.780
职称评定	0.211	0.008	0.233	25.605	0.000
职称评定难度	0.055	0.007	0.049	7.751	0.000
荣誉获得难度	0.037	0.009	0.026	4.304	0.000
教师培训	0.013	0.005	0.018	2.770	0.006
F 值	889.065（P 值 =0.000）				
R^2 调整	0.485				

从表 6.1 可知，除了受教育程度、留守儿童比例、专业匹配和网络多媒体建设以外，其他 14 个变量均在 1% 的水平上显著，R^2 为 0.516，模型拟合较好。因此对于乡镇地区，采用教师性别等 14 个显著影响教师收入状况的变量建立判断个体是否来自较高经济群组的 logit 模型。

从表 6.2 可知，除了受教育程度、专业匹配和多媒体网络建设以外，其他 15 个变量均在 5% 的水平上显著，R^2 为 0.485，模型拟合较好。因此对于偏远乡村地区，采用教师性别等 15 个显著影响教师收入状况的变量建立判断个体是否来自较高经济群组的 logit 模型。

利用 logit 模型计算在当前教师特征和外部因素影响下，教师获得高经济收入的概率，乡镇地区和偏远乡村地区共建立 12 个 logit 模型，由于模型过多，仅通过图 6.1 显示 12 个模型的系数估计结果。

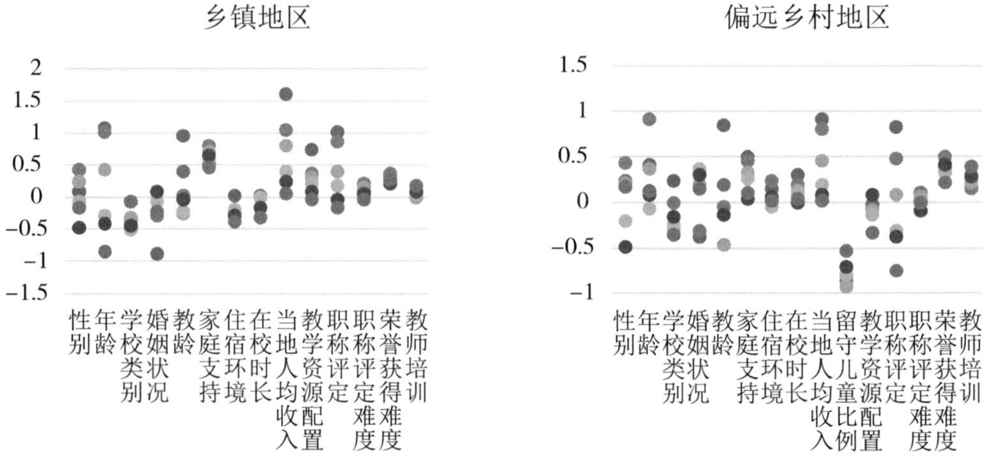

图 6.1　乡镇地区和偏远乡村地区 logit 模型拟合结果

从图 6.1 可知，高收入教师部分特征在不同群组间表现出一致性。对于乡镇地区，高收入教师以男性为主，教龄偏长，职称高，家庭支持良好，所处地区人均月收入高，所在学校教学资源配置良好，职称评定和荣誉获得难度低，参与了高级别教师培训；对于偏远乡村地区，高收入教师普遍年龄偏大，家庭支持良好，住宿环境良好，在校时长偏长，所处地区人均月收入偏高，所在学校留守儿童比例低，荣誉获得难度低，参与过高级别教师培训。

三、经济收入对教师流动意愿影响的“反事实”分析

通过 PSM 方法，不同群组之间匹配后的特征差异被消除。以偏远乡村地区组 1 与组 7 为例，表 6.3 显示了偏远乡村地区组 1 与组 7 子样本的平衡性检验结果。

表 6.3　偏远乡村地区组 1 与组 7 子样本的平衡性检验结果

变量	匹配	处理组	控制组	t 值	显著性
性别	匹配前	0.564	0.183	9.730	0.000
	匹配后	0.475	0.419	0.700	0.483

续表

变量	匹配	处理组	控制组	t 值	显著性
年龄	匹配前	2.416	1.352	18.570	0.000
	匹配后	2.288	2.121	1.410	0.162
学校类别	匹配前	0.228	0.176	1.350	0.176
	匹配后	0.225	0.257	−0.470	0.636
婚姻状况	匹配前	0.871	0.444	8.590	0.000
	匹配后	0.863	0.810	0.900	0.371
教龄	匹配前	3.871	1.423	26.430	0.000
	匹配后	3.575	3.147	1.640	0.103
家庭支持	匹配前	3.267	2.956	4.410	0.000
	匹配后	3.263	3.279	−0.150	0.879
住宿环境	匹配前	2.812	2.485	4.290	0.000
	匹配后	2.788	2.773	0.120	0.904
在校时长	匹配前	3.980	4.091	−1.030	0.304
	匹配后	3.888	3.865	0.150	0.879
当地人均收入	匹配前	3.069	1.303	25.000	0.000
	匹配后	2.538	2.837	−1.010	0.315
留守儿童比例	匹配前	2.723	3.350	−9.500	0.000
	匹配后	2.813	2.743	0.520	0.603
教学资源配置	匹配前	2.267	2.176	1.190	0.235
	匹配后	2.225	2.116	0.900	0.368
职称评定	匹配前	3.901	2.127	16.590	0.000
	匹配后	3.738	3.452	1.610	0.110
职称评定难度	匹配前	3.010	2.693	3.220	0.001
	匹配后	2.988	2.761	1.410	0.159

续表

变量	匹配	处理组	控制组	t 值	显著性
荣誉获得难度	匹配前	2.436	2.026	4.780	0.000
	匹配后	2.425	2.419	0.050	0.962
教师培训	匹配前	5.040	3.522	9.710	0.000
	匹配后	4.913	4.746	0.770	0.443

从表 6.3 可知，在匹配前，高低薪酬收入的教师在性别、年龄、婚姻状况、教龄、家庭支持、住宿环境、当地人均收入、留守儿童比例、职称评定、职称评定难度、荣誉获得难度和教师培训方面均具有显著的差异，可以认为高低收入群组的教师之间具有显著的系统差异（P 值小于 0.05），忽略教师背景差异来分析薪酬收入对教师流动意愿的影响将产生较大的偏差。通过 PSM 匹配，高低收入群组教师的系统差异已经被消除，配对教师之间具有相似的身份、能力、环境背景。

最后，通过核匹配法，从低收入群组中获得高收入群组的“反事实流动意愿”。表 6.4 显示了乡镇地区和偏远乡村地区各个收入群组之间“反事实流动意愿”样本平均值差异，与运用 bootstrap 方法（n=500）进行显著性检验的结果。ATT 表示高收入的教师降低收入水平之后的平均流动意愿差异（负数代表流动意愿上升），ATU 表示低收入的教师提高收入水平之后的平均流动意愿差异（负数代表流动意愿降低），ATE 表示所有教师都提高到最高收入水平之后的平均流动意愿差异（负数代表流动意愿降低）。

表 6.4 乡镇和偏远乡村各个收入群组之间 PSM 匹配结果与 bootstrap 显著性检验（n=500）

地区	处理组	控制组	平均处理效应	差值	Bootstrap 标准差	z 值	显著性	
乡镇	7	1	ATT	–0.188	0.106	–1.780	0.075	*
			ATU	–0.036	0.194	–0.190	0.853	
			ATE	–0.040	0.188	–0.210	0.833	

续表

地区	处理组	控制组	平均处理效应	差值	Bootstrap标准差	z 值	显著性	
乡镇	7	2	ATT	−0.118	0.051	−2.290	0.022	**
			ATU	−0.179	0.086	−2.070	0.038	**
			ATE	−0.178	0.086	−2.080	0.037	**
		3	ATT	−0.035	0.044	−0.790	0.428	
			ATU	−0.100	0.049	−2.040	0.042	**
			ATE	−0.099	0.049	−2.030	0.042	**
		4	ATT	−0.014	0.045	−0.320	0.749	
			ATU	−0.102	0.028	−3.660	0.000	***
			ATE	−0.098	0.027	−3.600	0.000	***
		5	ATT	−0.118	0.056	−2.100	0.036	**
			ATU	−0.168	0.038	−4.470	0.000	***
			ATE	−0.162	0.038	−4.230	0.000	***
		6	ATT	−0.094	0.051	−1.840	0.066	*
			ATU	−0.156	0.064	−2.440	0.015	**
			ATE	−0.138	0.056	−2.450	0.014	**
偏远乡村	7	1	ATT	−0.097	0.107	−0.910	0.364	
			ATU	0.164	0.088	1.860	0.063	*
			ATE	0.159	0.086	1.850	0.065	*
		2	ATT	0.004	0.061	0.070	0.944	
			ATU	−0.029	0.054	−0.540	0.592	
			ATE	−0.028	0.054	−0.530	0.597	
		3	ATT	0.093	0.046	2.020	0.043	**
			ATU	0.046	0.034	1.340	0.181	

续表

地区	处理组	控制组	平均处理效应	差值	Bootstrap标准差	z值	显著性
偏远乡村	7	3	ATE	0.047	0.034	1.410	0.159
		4	ATT	0.059	0.039	1.500	0.135
			ATU	0.032	0.042	0.760	0.445
			ATE	0.034	0.040	0.860	0.390
		5	ATT	0.059	0.060	0.990	0.321
			ATU	0.024	0.073	0.320	0.746
			ATE	0.031	0.065	0.480	0.630
		6	ATT	−0.015	0.081	−0.190	0.850
			ATU	−0.005	0.072	−0.070	0.943
			ATE	−0.009	0.064	−0.140	0.885

注：* 表示在 0.1 的水平上显著，** 表示在 0.05 的水平上显著，*** 表示在 0.01 的水平上显著

从表 6.4 可知，对于乡镇地区，在所有的收入群组中，改变教师的薪酬收入均能产生教师流动意愿的显著变化。其中，在组 1、组 2、组 5 和组 6 的配对群组中，高薪酬收入的教师降低薪酬水平，其流动意愿会显著上升（ATT 显著为负）；在组 2、组 3、组 4、组 5 和组 6 的配对群组中，低薪酬收入的教师提升薪酬水平，其流动意愿会显著下降（ATU 显著为负），且所有的教师将薪酬水平提升至最高水平时，其流动意愿会显著下降（ATE 显著为负）。因此，薪酬收入将对乡镇地区教师的流动意愿产生显著的负向影响，提升教师的收入水平能有效缓解乡镇教师的流失问题。

对于偏远乡村地区，在大部分收入群组中，改变教师的薪酬收入均不能产生教师流动意愿的显著变化，甚至在部分收入群组中，高收入教师的流动意愿显著高于低收入教师。因此本研究认为，薪酬收入对偏远乡村地区的教师不存在显著的因果效应，提升教师的薪酬水平无法有效降低教师的流动意愿。虽然偏远乡村教师的经济收入明显偏低，教师生存状况急需解决，但是

单单提升教师的薪酬水平无法让教师做出留任的决定，教师的离职意愿更多受到其他因素的影响，一个可能的解释是，偏远乡村地区受制于社会经济、交通、文化、娱乐、医疗、教育等多方面的落后发展，地理隔离带来了社会隔离，这种城乡之间巨大的资源落差无法通过有限收入提升来弥补。

第三节　职业成就感对教师流动意愿影响的因果分析

一、实施步骤

本书采用倾向得分匹配法（PSM）测算当教师提升职业成就感之后可能产生的“反事实意愿”，具体操作步骤如下：

第一步，依据教师的职业成就感分为“非常低”、“比较低”、“中等”、“比较高”、“非常高”5类，将教师分类编码为组1到组5。

第二步，将职业成就感的最高类别，组5（非常高），定义为处理组，将剩下4组定义为对照组，处理组为教师高职业成就感组，对照组均为低职业成就感组。

第三步，将最高职业成就感群组与其他4个群组两两合并成为子样本，同时定义处理变量 D：

$$D^j = \begin{cases} 1, \text{当教师来自较低职业成就感群组} \\ 0, \text{当教师来自较低职业成就感群组} \end{cases}, \ j = 1, 2, \cdots 4$$

第四步，依据 k 个对教师职业成就感产生显著影响的特征变量，建立判断个体是否来自高职业成就感群组的 logit 模型：

$$\frac{P(D_i^j = 1)}{1 - P(D_i^j = 1)} = \exp(\beta_0^j + \beta_1^j x_i^{1j} + \beta_2^j x_i^{2j} + \beta_3^j x_i^{3j} + \cdots \beta_k^j x_i^{kj} + \varepsilon_i^j)$$

其中，j=1,2,⋯,4，β_k^j 为第 j 个组合样本中第 k 个特征变量的待估计系数，x_i^{kj} 为第 j 个组合样本中，第 i 个样本在第 k 个因素变量上的取值。

第五步，以 logit 模型计算出的概率 P 值作为个体在某种情况下获得较高职业成就感的倾向得分，以教师的流动意愿作为结果变量进行倾向得分匹配

（PSM），从最高职业成就感群组中选择较低职业成就感群组的流动意愿进行匹配，此时较低职业成就感群组获得的匹配流动意愿即为当职业成就感提升至最大，同时又保留原有教师特征属性时，个体所获得的“反事实流动意愿”。

二、教师高职业成就感倾向的 logit 模型估计

通过建立乡镇地区与偏远乡村地区教师的职业成就感模型来确定对教师职业成就感产生显著影响的核心因素。本书认为教师的个体特征、家庭情况、经济状况、专业能力、教学管理等方面均对教师的职业成就感产生影响。通过教师性别、年龄、教育程度来反映教师个体特征；通过婚姻状况、家庭支持状况来反映教师的家庭情况；通过教师的平均月收入来反映教师的经济状况，通过教师教龄、专业匹配、自主教学、职称现状、职称评定难度、荣誉获得难度、教师培训来反映教师的专业能力；通过在校工作时长、集体备课和教学观摩来反映学校的教学管理。考虑到不同职业成就感的教师具有不同的特质，因此依据教师的职业成就感分类建立多元Logistic模型。表6.5和表6.6显示了乡镇教师和偏远乡村教师的职业成就感模型拟合结果。

表 6.5　乡镇教师职业成就感模型拟合结果

类别		系数	标准误	Wald 值	自由度	显著水平	优势比
2	截距	–2.446	0.369	43.954	1.000	0.000	
	性别	–0.106	0.086	1.529	1.000	0.216	0.899
	年龄	0.277	0.091	9.244	1.000	0.002	1.319
	受教育程度	–0.074	0.086	0.737	1.000	0.390	0.929
	婚姻状况	0.011	0.089	0.014	1.000	0.905	1.011
	教龄	–0.063	0.046	1.852	1.000	0.174	0.939
	平均月收入	0.110	0.045	5.849	1.000	0.016	1.116
	家庭支持	0.360	0.049	53.993	1.000	0.000	1.434
	在校时长	–0.006	0.033	0.028	1.000	0.866	0.994
2	专业匹配	0.069	0.051	1.866	1.000	0.172	1.072

续表

类别		系数	标准误	Wald 值	自由度	显著水平	优势比
2	自主教学	0.521	0.075	48.496	1.000	0.000	1.684
	职称评定	–0.016	0.047	0.120	1.000	0.729	0.984
	职称评定难度	0.225	0.038	34.400	1.000	0.000	1.252
	荣誉获得难度	0.316	0.050	39.261	1.000	0.000	1.371
	教师培训	0.060	0.024	6.196	1.000	0.013	1.062
	集体备课	–0.006	0.044	0.019	1.000	0.890	0.994
	教学观摩	0.168	0.047	12.870	1.000	0.000	1.183
3	截距	–4.087	0.352	135.023	1.000	0.000	
	性别	–0.085	0.081	1.091	1.000	0.296	0.919
	年龄	0.297	0.086	11.920	1.000	0.001	1.346
	受教育程度	–0.297	0.081	13.519	1.000	0.000	0.743
	婚姻状况	0.276	0.084	10.777	1.000	0.001	1.318
	教龄	0.002	0.043	0.002	1.000	0.962	1.002
	平均月收入	0.110	0.043	6.532	1.000	0.011	1.117
	家庭支持	0.760	0.047	258.999	1.000	0.000	2.138
	在校时长	–0.061	0.031	3.838	1.000	0.050	0.941
	专业匹配	0.098	0.048	4.138	1.000	0.042	1.103
	自主教学	0.908	0.071	162.995	1.000	0.000	2.479
	职称评定	–0.144	0.044	10.803	1.000	0.001	0.866
	职称评定难度	0.420	0.036	134.426	1.000	0.000	1.523
	荣誉获得难度	0.648	0.047	186.504	1.000	0.000	1.912
	教师培训	0.030	0.023	1.653	1.000	0.199	1.030
	集体备课	0.135	0.042	10.597	1.000	0.001	1.145
	教学观摩	0.380	0.044	73.473	1.000	0.000	1.462

续表

类别		系数	标准误	Wald 值	自由度	显著水平	优势比
4	截距	−10.751	0.421	651.225	1.000	0.000	
	性别	0.108	0.092	1.363	1.000	0.243	1.114
	年龄	0.515	0.099	26.792	1.000	0.000	1.673
	受教育程度	−0.321	0.090	12.637	1.000	0.000	0.725
	婚姻状况	0.473	0.100	22.448	1.000	0.000	1.605
	教龄	0.092	0.050	3.392	1.000	0.066	1.097
	平均月收入	0.114	0.048	5.627	1.000	0.018	1.121
	家庭支持	1.351	0.058	542.073	1.000	0.000	3.863
	在校时长	−0.039	0.036	1.204	1.000	0.272	0.962
	专业匹配	0.255	0.056	20.459	1.000	0.000	1.290
	自主教学	1.261	0.100	157.843	1.000	0.000	3.529
	职称评定	−0.266	0.051	27.394	1.000	0.000	0.767
	职称评定难度	0.703	0.042	278.598	1.000	0.000	2.020
	荣誉获得难度	0.816	0.053	233.460	1.000	0.000	2.262
	教师培训	0.017	0.027	0.399	1.000	0.528	1.017
	集体备课	0.343	0.052	43.763	1.000	0.000	1.409
	教学观摩	0.538	0.052	108.611	1.000	0.000	1.712
5	截距	−17.771	0.817	473.683	1.000	0.000	
	性别	0.404	0.151	7.208	1.000	0.007	1.499
	年龄	0.555	0.176	10.007	1.000	0.002	1.742
	受教育程度	−0.645	0.143	20.443	1.000	0.000	0.525
	婚姻状况	0.508	0.186	7.445	1.000	0.006	1.661
	教龄	0.177	0.089	3.998	1.000	0.046	1.194
	平均月收入	0.009	0.078	0.012	1.000	0.913	1.009

续表

类别		系数	标准误	Wald 值	自由度	显著水平	优势比
5	家庭支持	1.981	0.121	267.834	1.000	0.000	7.252
	在校时长	0.047	0.063	0.561	1.000	0.454	1.048
	专业匹配	0.560	0.106	27.669	1.000	0.000	1.751
	自主教学	1.075	0.243	19.600	1.000	0.000	2.929
	职称评定	−0.396	0.088	20.437	1.000	0.000	0.673
	职称评定难度	0.959	0.077	155.373	1.000	0.000	2.608
	荣誉获得难度	1.006	0.087	135.127	1.000	0.000	2.735
	教师培训	0.024	0.049	0.245	1.000	0.620	1.025
	集体备课	0.551	0.119	21.363	1.000	0.000	1.735
	教学观摩	0.770	0.095	65.566	1.000	0.000	2.159

表 6.6　偏远乡村教师职业成就感模型拟合结果

类别		系数	标准误	Wald 值	自由度	显著水平	优势比
2	截距	−2.185	0.342	40.871	1.000	0.000	
	性别	−0.107	0.083	1.679	1.000	0.195	0.898
	年龄	0.086	0.087	0.975	1.000	0.323	1.090
	受教育程度	−0.015	0.076	0.038	1.000	0.846	0.985
	婚姻状况	0.152	0.086	3.102	1.000	0.078	1.164
	教龄	0.041	0.045	0.818	1.000	0.366	1.041
	平均月收入	0.133	0.045	8.827	1.000	0.003	1.143
	家庭支持	0.389	0.046	71.032	1.000	0.000	1.476
	在校时长	−0.082	0.034	5.730	1.000	0.017	0.921
	专业匹配	0.112	0.054	4.289	1.000	0.038	1.118
	自主教学	0.510	0.073	48.807	1.000	0.000	1.665

续表

类别		系数	标准误	Wald 值	自由度	显著水平	优势比
2	职称评定	−0.044	0.044	0.974	1.000	0.324	0.957
	职称评定难度	0.255	0.038	45.217	1.000	0.000	1.290
	荣誉获得难度	0.387	0.051	58.673	1.000	0.000	1.473
	教师培训	−0.047	0.024	3.854	1.000	0.050	0.954
	集体备课	0.097	0.043	5.060	1.000	0.024	1.102
	教学观摩	0.054	0.047	1.313	1.000	0.252	1.056
3	截距	−4.392	0.330	177.559	1.000	0.000	
	性别	−0.190	0.079	5.827	1.000	0.016	0.827
	年龄	0.283	0.083	11.606	1.000	0.001	1.327
	受教育程度	−0.181	0.072	6.350	1.000	0.012	0.835
	婚姻状况	0.428	0.083	26.905	1.000	0.000	1.535
	教龄	0.045	0.043	1.127	1.000	0.288	1.046
	平均月收入	0.161	0.043	14.073	1.000	0.000	1.174
	家庭支持	0.923	0.045	415.829	1.000	0.000	2.516
	在校时长	−0.161	0.033	24.251	1.000	0.000	0.851
	专业匹配	0.199	0.051	15.024	1.000	0.000	1.220
	自主教学	0.930	0.070	174.793	1.000	0.000	2.533
	职称评定	−0.192	0.042	20.790	1.000	0.000	0.825
	职称评定难度	0.441	0.036	148.998	1.000	0.000	1.554
	荣誉获得难度	0.668	0.048	193.675	1.000	0.000	1.950
	教师培训	−0.081	0.023	12.525	1.000	0.000	0.923
	集体备课	0.275	0.041	44.045	1.000	0.000	1.317
	教学观摩	0.242	0.045	28.956	1.000	0.000	1.274

续表

类别		系数	标准误	Wald 值	自由度	显著水平	优势比
4	截距	−10.520	0.399	695.412	1.000	0.000	
	性别	−0.150	0.091	2.731	1.000	0.098	0.861
	年龄	0.496	0.097	26.051	1.000	0.000	1.641
	受教育程度	−0.259	0.081	10.294	1.000	0.001	0.772
	婚姻状况	0.606	0.101	35.908	1.000	0.000	1.833
	教龄	0.190	0.049	14.827	1.000	0.000	1.210
	平均月收入	0.149	0.047	9.901	1.000	0.002	1.161
	家庭支持	1.415	0.056	630.892	1.000	0.000	4.115
	在校时长	−0.128	0.038	11.472	1.000	0.001	0.880
	专业匹配	0.276	0.060	21.075	1.000	0.000	1.318
	自主教学	1.377	0.102	182.407	1.000	0.000	3.961
	职称评定	−0.319	0.049	41.813	1.000	0.000	0.727
	职称评定难度	0.676	0.042	259.551	1.000	0.000	1.965
	荣誉获得难度	0.803	0.054	220.300	1.000	0.000	2.231
	教师培训	−0.057	0.027	4.395	1.000	0.036	0.945
	集体备课	0.473	0.051	84.499	1.000	0.000	1.605
	教学观摩	0.443	0.053	70.481	1.000	0.000	1.557
5	截距	−18.042	0.759	564.362	1.000	0.000	
	性别	0.233	0.148	2.479	1.000	0.115	1.262
	年龄	0.748	0.169	19.532	1.000	0.000	2.113
	受教育程度	−0.250	0.123	4.102	1.000	0.043	0.779
	婚姻状况	0.981	0.201	23.727	1.000	0.000	2.667
	教龄	0.179	0.084	4.566	1.000	0.033	1.195
	平均月收入	0.052	0.075	0.473	1.000	0.492	1.053

续表

类别		系数	标准误	Wald 值	自由度	显著水平	优势比
5	家庭支持	1.770	0.111	255.421	1.000	0.000	5.870
	在校时长	–0.019	0.066	0.083	1.000	0.773	0.981
	专业匹配	0.682	0.110	38.793	1.000	0.000	1.978
	自主教学	1.143	0.234	23.948	1.000	0.000	3.136
	职称评定	–0.452	0.083	29.717	1.000	0.000	0.637
	职称评定难度	0.913	0.073	155.808	1.000	0.000	2.493
	荣誉获得难度	0.928	0.085	120.011	1.000	0.000	2.529
	教师培训	–0.130	0.048	7.324	1.000	0.007	0.878
	集体备课	0.836	0.115	53.172	1.000	0.000	2.308
	教学观摩	0.683	0.093	53.678	1.000	0.000	1.981

从表 6.5 可知，对于高职业成就感的教师（类别为 4 或 5），只有在校时长和教师培训变量在模型中均不显著，其他 14 个变量均至少在一个类别的 Logistic 模型中在 5% 的水平上显著。因此对于乡镇地区，采用教师性别等 14 个显著影响教师职业成就感的变量建立判断个体是否来自较高职业成就感群组的 logit 模型。

从表 6.6 可知，对于高职业成就感的教师（类别为 4 或 5），全部 16 个变量均至少在一个类别的 Logistic 模型中在 10% 的水平上显著。因此对于偏远乡村地区，采用教师性别等 16 个显著影响教师职业成就感的变量建立判断个体是否来自较高职业成就感群组的 logit 模型。

利用 logit 模型计算在当前教师特征和外部因素影响下教师获得高职业成就感的概率，乡镇地区和偏远乡村地区共建立 8 个 logit 模型，由于模型较多，仅通过图 6.2 显示 8 个模型的系数估计结果。

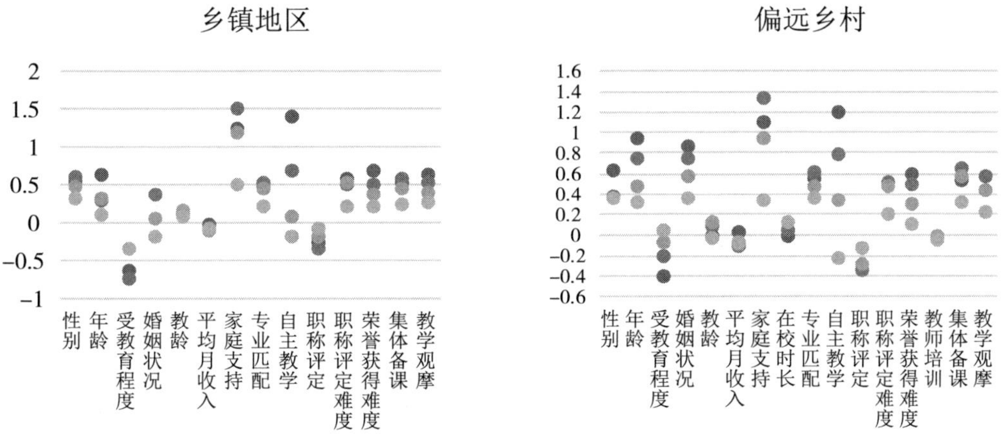

图 6.2　乡镇地区和偏远乡村地区高职业成就感倾向 logit 模型拟合结果

从图 6.2 可知，高职业成就感教师部分特征在不同群组间表现出一致性。对于乡镇地区，高职业成就感群组的教师以男性为主，年龄偏大，教龄偏长，职称低，受教育程度低，家庭支持良好，专业匹配度高，有自主教学的能力，职称评定和荣誉获得的难度较低，所在学校经常组织集体备课和教学观摩；对于偏远乡村地区，高职业成就感群组的教师以男性为主，普遍年龄偏大，已婚，受教育程度低，职称低，家庭支持良好，专业匹配度高，荣誉获得难度低，职称评定和荣誉获得的难度较低，所在学校经常组织集体备课和教学观摩。

三、职业成就感对教师流动意愿影响的“反事实”分析

通过 PSM 方法，不同群组之间匹配后的特征差异被消除。以乡镇地区组 3 与组 5 为例，表 6.7 显示了乡镇地区组 3 与组 5 子样本的平衡性检验结果。

表 6.7　乡镇地区组 3 与组 5 子样本的平衡性检验结果

变量	匹配	处理组	控制组	t 值	显著性
性别	匹配前	0.417	0.289	4.900	0.000
	匹配后	0.401	0.400	0.040	0.965

续表

变量	匹配	处理组	控制组	t 值	显著性
年龄	匹配前	2.007	1.782	4.790	0.000
	匹配后	1.990	2.000	–0.140	0.889
受教育程度	匹配前	2.550	2.742	–6.980	0.000
	匹配后	2.569	2.559	0.210	0.836
婚姻状况	匹配前	0.663	0.627	1.300	0.192
	匹配后	0.662	0.673	–0.270	0.785
教龄	匹配前	3.029	2.586	4.400	0.000
	匹配后	2.983	3.006	–0.150	0.880
平均月收入	匹配前	2.408	2.214	2.980	0.003
	匹配后	2.378	2.368	0.100	0.922
家庭支持	匹配前	3.631	3.120	14.460	0.000
	匹配后	3.619	3.537	1.490	0.136
专业匹配	匹配前	2.508	2.242	6.990	0.000
	匹配后	2.492	2.457	0.660	0.507
自主教学	匹配前	0.935	0.868	3.470	0.001
	匹配后	0.933	0.925	0.370	0.714
职称评定	匹配前	3.159	3.098	0.830	0.407
	匹配后	3.141	3.165	–0.210	0.837
职称评定难度	匹配前	3.498	2.826	12.050	0.000
	匹配后	3.455	3.376	0.880	0.380
荣誉获得难度	匹配前	2.667	2.192	10.370	0.000
	匹配后	2.605	2.566	0.520	0.602
集体备课	匹配前	3.712	3.341	8.800	0.000
	匹配后	3.702	3.637	1.310	0.191

续表

变量	匹配	处理组	控制组	t 值	显著性
教学观摩	匹配前	3.123	2.601	11.340	0.000
	匹配后	3.094	3.030	0.940	0.346

从表 6.7 可知，在匹配前，高低职业成就感的教师在性别、年龄、受教育程度、教龄、平均月收入、家庭支持、专业匹配、自主教学、职称评定难度、荣誉获得难度、集体备课和教学观摩等 12 个方面均具有显著差异，可以认为高低职业成就感群组的教师之间具有显著的系统差异（P 值小于 0.05），忽略教师背景差异来分析职业成就感对教师流动意愿的影响将产生较大的偏差。通过 PSM 匹配，高低职业成就感群组教师的系统差异已经被消除，配对教师之间具有相似的身份、能力、教学管理背景。

最后，通过核匹配法，从低职业成就感群组中获得高职业成就感群组的“反事实流动意愿”。表 6.8 显示了乡镇地区和偏远乡村地区各个职业成就感群组之间“反事实流动意愿”样本平均值差异，与运用 bootstrap 方法（n=500）进行显著性检验的结果。ATT 表示高职业成就感的教师降低职业成就感之后的平均流动意愿差异（负数代表流动意愿上升），ATU 表示低职业成就感的教师提高职业成就感之后的平均流动意愿差异（负数代表流动意愿降低），ATE 表示所有教师都提高到最高职业成就感之后的平均流动意愿差异（负数代表流动意愿降低）。

表 6.8　乡镇和偏远乡村各职业成就感群组间 PSM 匹配结果与 bootstrap 显著性检验（n=500）

地区	处理组	控制组	平均处理效应	差值	Bootstrap 标准差	z 值	显著性	
乡镇		1	ATT	−0.125	0.080	−1.550	0.120	
			ATU	−0.113	0.077	−1.460	0.144	
			ATE	−0.115	0.062	−1.860	0.063	*

续表

地区	处理组	控制组	平均处理效应	差值	Bootstrap标准差	z值	显著性	
乡镇		2	ATT	−0.088	0.036	−2.450	0.014	**
			ATU	−0.112	0.048	−2.310	0.021	**
			ATE	−0.110	0.044	−2.480	0.013	**
		3	ATT	−0.053	0.028	−1.850	0.064	*
			ATU	−0.093	0.042	−2.240	0.025	**
			ATE	−0.092	0.041	−2.240	0.025	**
		4	ATT	0.000	0.023	0.020	0.986	
			ATU	−0.014	0.035	−0.390	0.698	
			ATE	−0.012	0.034	−0.370	0.715	
偏远乡村	5	1	ATT	−0.189	0.072	−2.600	0.009	***
			ATU	−0.146	0.076	−1.920	0.055	*
			ATE	−0.154	0.067	−2.310	0.021	**
		2	ATT	−0.108	0.037	−2.940	0.003	***
			ATU	−0.207	0.050	−4.170	0.000	***
			ATE	−0.198	0.046	−4.270	0.000	***
		3	ATT	0.098	0.030	−3.250	0.001	***
			ATU	−0.160	0.037	−4.340	0.000	***
			ATE	−0.158	0.036	−4.360	0.000	***
		4	ATT	−0.063	0.022	−2.890	0.004	***
			ATU	−0.070	0.029	−2.360	0.018	**
			ATE	−0.069	0.028	−2.450	0.014	**

注：* 表示在 0.1 的水平上显著，** 表示在 0.05 的水平上显著，*** 表示在 0.01 的水平上显著

从表 6.8 可知，对于乡镇地区，在组 1 到组 3 的配对群组中，改变教师

的职业成就感均能产生教师流动意愿的显著变化。其中，在组 2 和组 3 的配对群组中，高职业成就感的教师降低职业成就感，其流动意愿会显著上升（ATT 显著为负），低职业成就感的教师提升职业成就感，其流动意愿会显著下降（ATU 显著为负）；在组 1 到组 3 的配对群组中，当所有的教师将职业成就感提升至最高水平时，其流动意愿会显著下降（ATE 显著为负）。因此，职业成就感对乡镇地区教师的流动意愿产生显著的负向影响，当教师职业成就感较低时，提升教师的职业成就感能有效缓解乡镇教师的流失问题。

对于偏远乡村地区，在全部四个配对组中，改变教师的职业成就感均能显著影响教师的流动意愿。高职业成就感的教师降低职业成就感，其流动意愿会显著上升（ATT 显著为负），低职业成就感的教师提升职业成就感，其流动意愿会显著下降（ATU 显著为负），当所有的教师将职业成就感提升至最高水平时，其流动意愿会显著下降（ATE 显著为负）。对比乡镇地区和偏远乡村地区平均处理效应的差值发现，相比于乡镇地区，职业成就感对偏远乡村教师流动意愿的影响效应更大。

排除了教师职称、薪酬收入、学校教学管理等因素的中介效应之后，教师职业成就感仍然对教师的流动意愿产生了显著的影响。尤其是偏远乡村地区，经济因素无法显著改变教师的流动意愿，但是职业成就感可以促动教师的留任。依据马斯洛需要层次理论和 ERG 理论，对于部分乡村教师来说，乡村教学是尊重需要和自我实现需要的表达，体现了乡村教师对于自身成长发展的渴求。

第四节　章节小节

教师薪酬和教师职业成就感对教师的流动意愿产生显著影响，但是薪酬水平和职业成就感本身受到较多中介变量的干扰，同时这些中介变量也影响着教师对流动意愿的选择。本研究基于倾向得分匹配（PSM）方法对教师薪酬收入、职业成就感和教师流动意愿之间的因果关系进行探索分析，通过对教师“反事实流动意愿”和实际流动意愿进行对比，可以最大限度地消除中介变量的干扰，反映出教师薪酬和职业成就感的直接效应。

实证结果显示：高收入教师与高职业成就感教师均具有显著的背景特征。

高收入群组教师以男性居多，具有较好的家庭支持，所在地区经济发展较好，职称评定和荣誉获得的难度较低，同时参与过高级别的教师培训，对于乡镇地区，教学资源配置良好的学校教师与高职称的教师薪酬更高，对于偏远乡村地区，住宿环境良好、在校时间偏长、学校留守儿童比例低的教师薪酬收入更高。而高职业成就感的教师以男性为主，年龄偏大，职称低，受教育程度低，家庭支持良好，专业匹配度高，职称评定和荣誉获得的难度较低，所在学校经常组织集体备课和教学观摩，对于城镇地区，教龄长、有自主教学能力的教师职业成就感更高，对于偏远乡村地区，已婚教师职业成就感更高。

基于 Logit 模型，运用教师身份特征等背景变量，计算出教师获得高收入和高职业成就感的倾向概率，通过倾向概率为处理组和控制组教师进行配对，通过配对，组内系统差异被消除，平均处理效应反映了教师薪酬收入和职业成就感对教师流动意愿的因果效应。

结果显示，在收入效应方面，对于乡镇地区，在组 1、组 2、组 5 和组 6 的配对群组中，高薪酬收入的教师降低薪酬水平，其流动意愿会显著上升；在组 2、组 3、组 4、组 5 和组 6 的配对群组中，低薪酬收入的教师提升薪酬水平，其流动意愿会显著下降，1 组的 ATE 并不显著，其流动意愿会显著下降。因此，薪酬收入对乡镇地区教师的流动意愿产生显著的负向影响，提升教师的收入水平能有效缓解乡镇教师的流失问题。但是对于偏远乡村地区，薪酬收入的提升无法显著缓解教师的流动意愿，乡村教师的流动意愿受到其他因素的影响。

在职业成就感效应方面，对于乡镇地区，在组 2 和组 3 的配对群组中，高职业成就感的教师降低职业成就感，其流动意愿会显著上升，低职业成就感的教师提升职业成就感，其流动意愿会显著下降；在组 1 到组 3 的配对群组中，当所有的教师将职业成就感提升至最高水平时，其流动意愿会显著下降。当教师职业成就感较低时，提升教师的职业成就感能有效缓解乡镇教师的流失问题。对于偏远乡村地区，在全部四个配对组中，高职业成就感的教师降低职业成就感，其流动意愿会显著上升，低职业成就感的教师提升职业成就感，其流动意愿会显著下降，当所有的教师将职业成就感提升至最高水平时，其流动意愿会显著下降。相比于乡镇地区，职业成就感对偏远乡村教师流动意愿的影响效应更大。

第七章　研究结论与政策分析

第一节　研究结论

本研究基于双因素理论，认为乡村教师流失是外部“维持因素”和内部“激励因素”共同作用的结果。改善乡村教师流失现象，不仅需要消除外部不利因素，更要重视教师主体因素。目前我国乡村教师流失的治理政策主要为基于“维持因素”的补偿性资源投入政策，基于“激励因素”的情感融合政策则较为欠缺。但是实际工作中，维持性政策发挥的作用非常有限，一是中西部经济发展落后的地区地方财政相对不足，经费补偿的可持续性受到挑战。二是针对教师流失的政策文件，宏观性指导意见多，具体有效的变革措施少。

研究组基于分层不等概率抽样方法，综合考虑地区经济发展、教育状况、人口分布等社会背景变量，抽取 68 个县市区，每个县市区每个中学抽取 6 名教师，每个小学抽取 12 名教师。通过问卷调查，回收有效问卷 42178 份，其中乡村教师问卷 34429 份，城镇教师问卷 7749 份。通过实证研究，分析了湖南省乡村教师队伍现状和乡村教师流动意愿影响机制。结果显示：

（1）从乡村样本教师群体的整体特征来看，主要存在年龄结构不合理，教师经验不足等问题。女性教师人数为男性教师的 2.8 倍，30 岁以下的年轻教师和五年以内教龄的新任职教师成为乡村教师队伍的中坚力量。从学历上来看，中学教师以本科学历为主，小学教师以本科学历和专科学历为主，公开招考和定向培养是乡村教师的主要来源。从稳定性因素来看，教师城乡收入差距明显，乡村地区内部差异显著；近半数乡村教师与伴侣两地分居，且住宿环境较差；乡村学校留守儿童比例较高，教师非教学性工作过多，教师工作负荷较重；学校资源配置和网络多媒体建设有待完善，管理支持和社会支持有待提高。从激励性因素来看，乡村教师工作压力较大，职业成就感低，生活幸福感有待提高；乡村地区高级职称比例高于城镇教师，但乡村教师获得荣誉表彰难度较大；近半数教师参与过省级及以上级别培训，但是学校对教师的培养力度有待加强。从教师流动状况来看，69% 的乡镇教师和 74.7% 的偏远乡村教师认为本地教师流失率高，且有 43.7% 的乡镇教师和 47.5% 的偏远乡村教师有流动意愿。

（2）从乡村教师流动意愿影响机制的参数模型分析来看，男性、高学历、高职称、高社会地位、与伴侣两地分居、子女数量较多、在校时间过长、所在学校留守儿童比例高、职业倦怠感与工作压力感高、荣誉获得难度低的教师流动意愿更大，年龄与教龄偏大、家庭支持良好、当地文化适应程度高、子女受教育环境与住宿环境满意度高、所在学校教学资源配置与多媒体网络建设完善、生活幸福感与职业成就感高、经常参与集体备课和教学观摩的教师更愿意留任。

（3）从乡村教师流动意愿影响机制的非参数模型分析来看，教师薪酬收入与教师职业成就感对教师的流动意愿产生了显著影响，高收入和低收入教师之间存在较大的背景差异，高职业成就感与低职业成就感教师之间也存在较大的背景差异。薪酬收入与职业成就感对教师流动意愿的影响存在中介效应。通过 PSM 方法对乡村教师的“反事实收入”和“反事实职业成就感”进行对比，发现教师薪酬与乡镇教师流动意愿的因果关系显著，但是偏远乡村地区教师流动意愿的收入效应不明显；职业成就感与乡镇教师和偏远乡村教师流动意愿的因果关系均显著，且偏远乡村地区教师的职业成就感效应高于乡镇地区。

第二节　乡村教师流失的政策治理

我国乡村教师队伍主要存在着“职业吸引力不强，补充渠道不畅、优质资源配置不足、结构不尽合理、整体素质不太高”等突出问题，因此教育管理部门针对教师的薪酬、培养和教育资源优化等问题有针对性地进行政策制定，通过外部环境改善来帮助缓解教师流失的内因，逐步形成“下得去，留得住，教得好”的局面。

一、提升学校行政支持，强化教育管理机制

首先，要实行灵活的乡村地区教师管理制度。加强乡村地区教师队伍建设，不能无视教师的现实困难只讲情怀，更不能忽视城乡差异所带来的巨大环境落差，一味要求教师长久地留守在边远贫困山区，只会不断加重教师的生活压力和精神压力，同时必将收效甚微。因此与其留住乡村教师，不如维持乡村地区合理的教师流动。一方面加强乡村地区教师的定向培养，进一步落实乡村地区福利政策，提高教师待遇，加强学校资源建设，为乡村教师职称评聘提供一定的政策支持,科学管理乡村学区教师编制,创新教师招聘机制，完善教师管理制度，加强教师专业技能培养，增加学术交流机会，增加教师职称晋升机会。同时,对于师德师风败坏,教学能力低下,缺乏进取心的教师，要建立不合格教师退出机制，加强教师队伍的人才建设，优化教育资源分配。另一方面合理规定教师的乡村地区服务期限，盘活乡村地区"教师池"，激发教师的教学活力，改善乡村地区教育质量低下，教师资源匮乏的问题，实现城乡教师的有序动态流动。

其次，要提升领导者教育管理能力。教师普遍反映缺乏行政支持和恶劣的工作条件是教师流失的主要因素。没有社会的支持，教师的流失会持续增加。管理者领导能力是决定教师是否在当前岗位留职的一个重要因素。强有力、支持性的学校管理者有助于教师作出留任的决定。管理者的支持是缓解教师流失的重要因素。那些为教师专业发展提供机会，为教学创新提供支持，创造积极工作环境的教学型领导更有可能降低学校的教师流失率。

乡村教学是一项条件艰苦和充满挑战性的任务。学校管理者应确保给予教师应有的行政支持,包括增加工资和奖金补偿,为教师提供表达意见的机会，提供持续的专业发展、合作、指导和入职培训项目，为教师应对具体的教学难题提供支持,帮助教师厘清教育职责,减少教师非教学性的检查与文本工作。教师得到的行政支持越多，他们就越有可能在原岗位上留任。在强有力的行政支持下，教师的职业幸福感会得到较大提升，教师会发现他们确实可以凭借自身的专业素养来提升学生的教育水平，改变他们将来的生活，教师的职业成就感也将随之产生。

领导者可以通过改善工作条件，在学校决策过程中给予教师更多自主权，

对教学效果进行持续和一致的评价来留住教师。乡村校长需要有长远发展的眼光才能提供这种支持。除了有效沟通和为教师提供充分的教学指导和教育资源外，乡村校长还需要针对具体的情况对教师进行支持，如帮助新任教师适应当地社区生活，帮助他们与社区居民建立联系，促进教师的乡村归属感，乡村校长除了管理学校日常工作以外，还需要有成为社区领导者的威望。如果学校能提供这样一个完善的入职支持系统，与高校建立良好的合作关系，那么教师留任的概率将会大大提升。除此之外，乡村地区学校在教师招聘时，管理者应当关注具有乡村生活背景或教育工作经历的候选人，这些教师的个人特征决定了他们更有可能长期在乡村地区留任。

最后，学校管理者应当认可和利用地区教师的专业知识和经验，在资源有限的情况下，充分利用现有资源，让教师自愿发挥个人能力和专业素养，提升学校教育质量，改善乡村教师的生活和工作环境，减少教师的非教学性工作，降低不必要的工作负担，帮助教师安心从教，调动乡村教师积极的职业情绪，培养教师的乡村教育情怀对于稳定乡村教师队伍，缓解教师流失具有重要的作用。

二、提升教师薪酬福利，推动校园设施建设

加大偏远乡村和贫困地区的教育财政投入可以在一定程度上缓解教师的流失，但是不少研究者发现，即便投入了较多的教育经费，也无法有效降低教师的离职率。事实上，比起教育经费投入总额，不同项目上的资金分配对教师流失的影响更大。为了最大限度地提升财政激励的有效性，教育管理者应当有针对性地向贫困地区高需求项目提供财政支持。

首先，较低的薪酬将会显著打击教师任教的积极性，当教师的薪酬无法负担家庭开支时，现实的压力会导致教师不得不需求其他高薪的机会。提高教师的经济待遇，改善物质生活环境，提升教师的职业获得感，是缓解乡村教师流失的首要条件。

一是提高教师薪酬标准。虽然薪酬并非激励教师工作效能的主要因素，但是过低的薪酬一定会对教师的流失产生显著影响。政府与教育管理部门应当参照社会各行各业平均薪酬和经济发展的宏观环境对教师薪酬进行动态管

理，保障教师的薪酬水平足以承担生活的基本开支。同时应当参照标准为乡村教师缴纳足量的住房公积金、医疗保险和其他保险，保障乡村教师的基本福利待遇。同时，对于编制外管理的合同教师、劳务派遣和临聘教师，学校管理者应当实行同工同酬，保障编制外教师的合法权利。

二是设立教师奖励计划。教师奖励计划是世界各国政府为留住教师和吸引新教师而采用的一种激励和表彰战略。如加纳政府设立的最佳教师奖励计划就是为了奖励工作出色的教师。教师的积极性与工作态度直接相关。教师奖励计划还可以激发教师在学校环境中参与教学过程的愿望，可以增加教师对学生纪律和控制的意愿，以提升课堂教学效果。除了年度教师奖励，教育管理部门应当设立专项教师表彰项目，用以表彰具有特殊贡献和特殊教育技能的教师，如在教学管理过程中展现出突出领导力的教师。

三是差异化教师津补助标准。通过对不同经济环境的教师岗位设置差异化的津补贴标准，来保障偏远乡村的教师应有的薪酬待遇，同时采取省域统筹的方式，来保障财政力量不足的地区教师获得足额的津补助。

四是推出教师奖学金项目。鼓励乡村教师自主学习或前往高等师范院校继续深造，为教师提供学费减免，编制保留等优惠政策。教师奖学金项目一方面可以为即将毕业的学生提供经济奖励，鼓励他们从事偏远乡村的教学职业。另一方面能够帮助偏远乡村学校吸引高质量的教师，通过高效的教师奖学金计划，许多非专业教师将有机会发展和完善他们的教学技能，促进教师专业素养的飞速提升，缓解教师因为教学技能不足以满足乡村教育需求而出现的精神焦虑等消极情绪。

五是改善教师住房条件。除了薪酬以外，还有其他项目急需获得政府的财政支持，比如乡村常见的教师住房问题。应当建立教师住房动态供给制度，为乡村教师建立重大疾病和特困家庭救助机制，保障教师的医疗、养老、抚幼等基本民生问题得到解决，提升生活幸福感。

其次，推动学校基础设施建设可以帮助教师继续留任。学校资源设施的完善对提升学生学业水平产生显著的作用，这反过来可以帮助学校成为更具吸引力的教学场所。应当完善学校教学资源配备，加大科学实验室、艺术教室、多媒体功能室、体育场地等基础设施的建设与完善。保障水、电、网络等生活设备的使用便利，改善教师工作条件和生活环境，最大限度地缩小城乡之间资源配备的差异。

教师是把教育理念和教育目标转化为知识和技能，并将其传授给学生的人。尽管班级生态系统中，教师并非独立外部环境存在的孤岛，但是教师作为课堂环境的管理者，有足够的动力来维持秩序和纪律对孩子来说非常重要。然而，物质奖励并不能从根本上提升教师的教学积极性，课堂气氛和学校环境是教师激励因素中非常重要的一项。如果教师感受到学校充满着安全、健康和快乐的氛围，同时获得丰富的教学资源和基础教学设施支持，那么教师将会更愿意承担学校的教学和管理任务。

许多乡村地区财政困难的原因有很多，如较低的税收等。由于财政拨款有限，许多乡村学校和学区都需要寻求额外的资金来源。虽然有一些特别贫困的学校可能获得社会捐赠，用以改善学校的教学环境，但是并非所有的学校都有资格或者有机会获得捐赠，大多数学校没有这个能力和信息来寻求捐赠来源。因此向贫困乡村学校提供资金，帮助教师提高获得课堂资源的可及性有助于教师提升课堂效率，降低教学难度和工作压力。教师的课堂教学资源可以由教研机构合作推出。

最后，应当加强学校网络信息建设。社会隔离是乡村教师流失的一个重要因素，而网络建设是消除其负面影响的一项有效措施。乡村地区网络建设的完善可以方便偏远山区的教师更快捷地获取优质教育资源，降低他们提升教学技能的经济成本。同时网络建设可以帮助教师在一定程度上消除社会隔离感，帮助教师搭建教学咨询和协作平台，有利于乡村教师获得支持感。信息技术和网络建设可以有效改善乡村学校教学条件，成为教师留任的有力工具。

通过向乡村教师提供专业支持、社会信息和教学资源，网络信息技术可以显著减小偏远山村的隔离差距。远程教学可以在一定程度上改善部分学科的教师配备困难，降低某些教学活动的实施难度，缓解乡村教师一人任多职，或者超重工作负荷的现象。此外，网络信息技术可以为乡村教师提供专业发展和继续教育的机会，搭建年轻教师与经验教师之间的互助桥梁，实现跨地区异地指导。

此外，针对部分具有特殊教育需求的学生，远程网络视频技术可以提供语言障碍治疗、心理干预、教育咨询和个人评估等服务，大大改善乡村教师的教学条件。事实上，提升教师薪酬福利，改善教师工作环境，使乡村教师成为一份更“体面”的工作只是缓解乡村教师流失的“标”，想要真正解决乡村教师流失的问题，还需标本兼治，要大力推进乡村振兴事业的发展，促进新农村经济飞速提升，加快乡村地区科技现代化变革，缩小城乡差距，提升乡村居民文化自信和生活幸福感，使乡村教师真正成为充满吸引力和富有无限机会和可能的职业。

三、创新教师培训方式，促进教师专业发展

较高的教师流动率与较低的教育质量通常高度相关。胜任力低的教师离开教学岗位的概率大于胜任力高的教师，而刚入职的新教师离开教学岗位的概率又大于胜任力低的教师。由此可见，提升教师的专业素养对于缓解教师流失同样重要。因此，教育管理部门应当加大对教师技能培训的力度，以期能在一定程度上提升学校教育质量，有利于学生学业水平的提升和缓解教师流失。目前，教育领域所面临的最大挑战是要求教师可以满足多样化的教学需求，并有足够的能力来应对差异化的教学情境。而事实上，单一、规范化的教师培养方式和培训项目则使得教师越来越同质化，这样培养出来的教师或许可以较大程度上地满足“大部分普通”学生，却使得另一部分具有特殊需求的学生无法得到有效的教育。

首先，应当加大教师交流项目的力度。乡村学校教师由于面临诸多挑战，需要更有效的支持。导师指导和入职培训可以帮助教师与管理部门之间建立信任关系。教师入职计划最重要的一环是与其他教师建立合作关系。校长和学校其他教师的支持正向影响了教师的组织承诺。支持性同事对新教师影响较大，他们可以分享想法，制定计划，并相互帮助解决问题。参与这一过程的教师较少感到孤立无援，更有可能在学校留任。同时，合作文化允许教师有机会共同制定教学方案，分享成功的教研方法，并为每个学生提供高质量的指导。拥有一位导师，与同学科领域的其他教师共同规划课堂计划和教学安排，成为外部教师网络的一部分，可以有效降低教师的流失率。

城乡之间同样需要建立合理的交流制度，支持优秀城市教师和乡村教师之间的有序双向流动，为前往乡村交流的城市教师提供政策优惠，并保障优惠政策的顺利落地，提升教师交流的积极性，以城市教师的教学经验与专业素养辐射影响当地乡村教育质量。同时对于扎根于乡村地区，甘于奉献的教师要加强培养力度，制定有针对性和系统性的培训计划，发挥“互联网+”和人工智能的现代科技优势，创新培训形式，多元化培训内容，使乡村教师知识体系与时代接轨，并提供专业技能培训的平台和学历提升的宽松政策环境，建立健康积极的教师激励机制。

现如今，教育系统正在经历技术和文化的变革，教师培养的关联性和多样性变得格外重要。教师的专业素养代表了乡村地区学生的教育质量。在人民的教育要求之下，教师队伍的建设不再仅仅是数量的问题，教师的质量更需要引起社会的关注。在全球多元化的视角下，教师对文化的理解和教学的多样性变得更加重要。教师交流项目为教师多样化的教学技能发展提供了良好的平台。通过交流项目，教师可以探索国内外学校之间的差异和相似之处，这些体验经历将反馈到教学经验之中，使学生收获多元的教育内容。教师交流项目旨在促进教师培养的连续性，并帮助教师加深对文化的理解。教师交流项目使来自贫困地区的学生能够接触到高度专业的教师，使贫困地区的教师可以获得专业提升的机会。

国外教师交流项目通常至少涵盖两个方面的内容，一是在低绩效学校实践学习；二是进行多元文化培训和招聘优秀教师。通过高效的交流计划，乡村教师经过多年的培训，积累了丰富的课堂经验，教学技能得到充分的发展，足以满足乡村学生的较高教育需求，丰富他们的教育体验。教师交流项目为教师提供了前往不同地区学校交流学习的机会。通过在外地或者外校生活和工作，交换教师获得对不同教育制度和文化的理解和欣赏，并通过向学生提供新的生活视角来丰富学生的教学内容。通过在新的环境进一步发展教学技能，有经验的教师获得了独特的专业学习机会。许多教师表明，在新的环境工作一年可以较大地提升教师的工作效率和工作热情。

其次，教育机构应当扩大与高需求乡村学校之间的合作关系，做好充分的职前准备，高质量的教师培训有助于教师的留任。新手教师应当获得两种类型的辅助：心理辅导和教学辅导。心理支持解决了新教师可能面临的个人和情感问题。教学支持主要包括了制定课程计划、熟悉学校规则和指导课堂管理几个方面，一个有效的指导计划还应该帮助教师理解教学方法的发展。如果乡村学校和高校之间建立了良好的合作关系，师范类学生将可以在正式工作前前往乡村学校进行实践体验，在这些地区最大限度地增加教师和行政实习岗位，有助于学生在毕业后继续在乡村学校任教。乡村学校的课堂实践有助于职前教师将理论与实际相联系，帮助教师了解乡村教育的实际情况，以实现教学岗位和实习岗位在相同环境下的合理过渡。同时，这些实践经验可以帮助教师增加知识、提升技能和完善教学策略，使他们能够更加适应高需求的教育情景。完善教师培训项目，增加职前教师与乡村学校教师、学生互动的机会对提升教师留任概率非常重要。

最后，考虑到社区对教师生活影响的重要性，教师培训项目不能仅仅只为学生提供乡村教学经验，还应当提供适应、了解、参与和享受当地社区生活的机会。乡村学校应当向外人展示这种文化资源，并强调相关的优质环境。沉浸式体验乡村生活对职前教师留任非常重要，因为乡村教育并不是单一的课堂教学，教师对乡村环境的感知可能和实际并不一致。学校和地区应当对教师指导项目进行投资，帮助教师在文化理解和差异化教学方面获得支持，有助于缓解教师流失。

教育管理部门应当加强对培训项目的审查力度，避免出现形式化的无效培训，收集教师现实的培训需求，找到教师急需解决的教学难题或急需提升的教学技能，通过团队研训和自主学习激发教师提升专业素养的内生动力，以专项培训的形式对教师教学问题进行有针对性的突破，并鼓励教师结合理论与实践，加强教学的实战演练。乡村教师的专业发展需要“内外兼修”，实现从外在约束到内在驱动，从现实需要到价值需要，从被动接受到自我认同的转变。

四、改革教师招聘方式，关注教师本土培养

目前我国乡村教师的身份价值被严重低估，同时补给问题日渐严重，教师的责任却又一再增加。在当前乡村振兴的背景下，招聘和发展乡村本地教

师人才是帮助教师成功扎根于乡村文化的有效措施。只有立足于乡村教师的本土培养，即培养与乡村地区具有相似生活背景、文化习惯、价值认同的教师，才能帮助教师真正扎根于乡村生活。教育管理部门应当帮助乡村教师深入解读教育政策，了解乡村教育的职责、使命和担当，激发教师对于乡村热点问题的关注与探讨。

乡村教师的本土培养包含了师范生定向委培、职前教师就业分配和本土教师在职培训三个方面。一是要实施师范生定向培养政策，定向就业，定向服务，加大乡村教师的储备力量，创新人才聘用机制；二是要加强乡村情怀课程项目的制定与推出，增强职前教师对乡村地区的文化融合，同时鼓励职前教师前往乡村地区参与教学实践项目，深入学校切身了解乡村文化，感受本土情怀；三是要促进教师的职业认同，改革教师评价体系，对乡村教师“去污名化”，强调乡村教师的地域属性和专业价值，明确乡村教育的价值定位，倡导尊师重教理念在乡村地区的传播，提升教师在乡村岗位任教的内生驱动；四是要将教师编制管理与分配权限归口于县级教育管理部门，为教育管理部门依据乡村学校教师缺乏情况进行有针对性的补充提供制度保障；五是要建立乡村教师的荣誉制度，提倡教师人文关怀，提升教师职业满意度。

目前这一措施在乡村地区还未被真正充分利用起来，这一策略的重点在于针对不同的人群制定教师培养与发展计划，如本地高中生的定向培养计划、校外教师引进计划、职业院校人才培养计划等，并针对困难地区，以学费援助或其他转移支付的方式提供一定的财政支持。本地人才留任乡村学校具有两个天然优势，一是熟悉并认同当地文化；二是已经通过家庭关系和其他社会关系扎根于社区。个人和家庭对教师是否接受就业的决定影响非常大，而社区生活对教师是否选择留下来产生了显著的影响。

教育管理部门一方面可以对已有的教师在急需的学科领域进行紧急培训，另一方面采取策略吸引那些有意愿在乡村地区任教的人员，如即将参加工作的本地学生、乡村学校的代课教师、尚未获得教师资格证的教辅人员和其他领域的专业人员。乡村教师在本地的生活舒适度和人际关系联系对乡村教师的留任非常重要，这些优势可以帮助教师克服偏远乡村的社会隔离感，同时教师的本土化可以帮助教师更好地与学生和家长建立联系，了解是信任的前提，只有对乡村家庭、乡村历史和乡村民俗有了深入的了解，才能更好地在教学过程中理论联系实际，从教学技能上来看，教师通过就地取材，因地制宜的施教，更能引起学生的共鸣和家长的理解，提升教学质量，增进师生和家校情感。

五、联合社会行业力量，提升教师社会地位

乡村教师流失问题是发生在教育领域内的重大事项，但是解决这一问题却不能仅仅依靠教育部门。各级各类部门需要统筹协调，明晰职责权限，保障政策落实良性推进。

首先，各级政府应当依据地方财政实际情况，制定财政分摊制度。上级政府应明确财政支持数额，下级政府应确定配套资金配比，以此来保障政策落实的财政支持，协同解决部分偏远地区由于财政缺乏导致的政策落地困难等问题。同时在政策推进期间，各级各类部门应当保持信息透明公开，以防止出现模糊政策，责任推诿等不作为现象发生。

其次，各领域和各行业相辅相成的努力可以进一步扩大教育政策的效果。师范类大学是教师培养的主流官方渠道，但是各个职业院校在培养非传统教学人才方面同样可以发挥重要作用。鼓励高校针对乡村地区特殊的教育需求推行教师定向培养项目。对于有意愿返回乡村地区从事教师职业的高中生，高校给予一定的招生政策倾斜。

高等教育机构还可以扮演一个重要的中介角色，将各方资源和利益相关方联系在一起，进一步发展乡村地区。各地高职和专科院校作为最具本地特色的教育机构，能汇聚多方资源，实现利益共赢。Harbour et al.（2016）认为本地教育机构可以成为建设公民能力和解决本地教育问题的中枢机构，不仅支持将学术知识带入教育领域，还可以汇集政府和其他社会资源，对于教育领域不能解决的社会问题，本地高校还能汇聚更大的力量来共同协商解决，如大学、地方政府、各级各类学校和其他社会团体，鼓励社会各行各业为乡村教师开通绿色便民通道，落实乡村教师荣誉制度。一是联合旅游、餐饮、酒店等服务行业，为乡村教师提供经济优惠或服务优先的便利，提升教师的职业获得感；二是联合医院、社区统筹医疗资源，为资深乡村教师提供疗养

服务，并为患病教师提供大病救助，缓解高昂医疗费用对低收入教师群体产生的压力；三是联合金融机构等社会力量，为乡村教师贷款提供免息或减息计划，同时签订一定时长的乡村服务协议。对于协议服务期限外愿意扎根下来的乡村教师，制定依据教师工作绩效情况给予不同程度的贷款偿还额减免计划。呼吁社会团体设立乡村教育奖励基金，乡村教师搬迁援助和家庭津补贴等。给予乡村教师应有的价值肯定。

最后，应当呼吁社会团体积极参与到乡村教师人才建设项目中，建立乡村教师支持系统。如关注家庭对乡村教师事业发展和留任意愿的影响，为未婚教师提供婚恋交友的机会与平台，同时为夫妻两地分居的乡村教师协助解决配偶在本地就业问题，缓解教师的家庭压力。联合法律和心理咨询部门定期为乡村教师提供义务援助，通过专业力量解决教师的现实问题，缓解教师精神焦虑。加大普惠性幼儿园和养老院的建设力度，帮助乡村教师解决子女教育和照顾年迈父母的问题，解决教师的后顾之忧。

六、促进乡村文化认同，提升教师幸福感受

对乡村文化的不认同和乡村生活的隔离感受是乡村教师难以留下来的主要内在因素。由于乡村经济的滞后发展和乡村地区财政资源的匮乏，乡村教学更需强调教师的奉献、责任和担当。如果缺少乡村教育的情怀，没有对乡村学生和乡村生活的热爱，乡村教师很难在长时间内留下来。乡村文化教育可以帮助职前教师熟悉和了解乡村地区的人文风貌，促进职前教师对乡村文化的认同和对乡村生活的融合。通过乡村文化教育，职前教师可以深切感受乡村教育的现实状况和使命意义。

首先，教育管理部门应当加大对优秀乡村教师的表彰力度，保障乡村教师得到应有的价值评价，引导社会媒体树立正确的舆论价值导向，从正面的角度对乡村文化进行积极的宣传，扭转人们对乡村生活艰难困苦的刻板印象，培养教师的乡土情怀。乡村地区在资源相对匮乏的劣势之外，同样也具备较多优势。乡村学校应当宣扬并加强这些特点：一是较小的教学规模；二是牢固的家庭环境；三是较强的教师影响力。有效缓解乡村教师流失的策略具有若干共同特性，其中最显著的一个特征就是依托社区服务帮助乡村教师摆脱

社会隔离的主观感受。由于乡村社区常常相对较小，教师们能够目睹许多学生成长和为人父母，这种与社区的强联系是吸引教师留任乡村学校的重要因素。

同时，教育管理部门应改革教师评价体系，破除“唯分数论”的评价桎梏。教师的教育质量并不能同学生的考评分数等同，学生升学率不应当成为教师的绩效评价与评优评先的唯一指标，教师的乡村教育情怀同样是评价教师的重要标准。

其次，政府部门应当保障乡村教师的政治地位，为提升乡村教师社会地位提供全面的政策环境。一是要增加乡村地区的教师编制，为乡村学校配备足量的教职人员和专业教师，肯定乡村教师的专业价值，保障教师的合法合理权利；二是要明确教师的责任义务，避免教师由于承担大量非教学性的学生管理工作而承受过重的心理负担和校外压力；三是应当维护教师的师道尊严，保护教师的执教权力，维护教师名誉。对于恶意辱骂、人身攻击和网络诽谤等恶劣行为依法追究法律责任。

最后，应当进一步提升校园文化建设。学校文化由共同的信仰和价值观组成，这些共同的信仰和价值观将学校和社区紧密联系在一起。如果缺乏这种紧密联系，不同组织成员之间将会出现多种价值观和目标，不同的工作愿景带来了多种不同的工作路径，此时，学校工作效率将会被降低。当乡村教师感到他们的想法被倾听，意见被考虑时，教师对学校归属感将会得到提升，与学校文化有着强烈认同的教师将会更有动力去实现教育目标。学校管理者应当注重营造包容的校园文化氛围，缓解教师对于权力分配的紧张感，让教师更多地参与学校决策管理过程，使教师有平台表达自己的观点，有机会通过个人努力使学校变得更好，这在一定程度上帮助教师在实现个人价值方面发挥更积极的作用。

校园文化氛围对教师存在着隐形而连续的影响，潜移默化地改变了教师的价值观，对教师教育理想的发展起着至关重要的作用。乡村学校可以通过建设文化长廊来宣传学校的教育理念、文化由来，并通过宣传本土乡村风情和文化特征来提升教师的认同感。除此之外，荣誉感同样有助于营造积极的校园文化氛围。当学校管理者、学生、教师、家长和其他学校成员为他们的学校感到骄傲时，通常会产生积极的情绪感受。建立积极的学校文化可以增加教师的留职意愿，降低教师的流失率。

参考文献

[1] Nbina J B. Re–visiting Secondary School Science Teachers Motivation Strategies to face the Challenges in the 21st Century[J]. Academic Leadership, 2011,8(4) :160–165.

[2] 庞丽娟，金志峰，杨小敏，王红蕾. 完善教师队伍建设 助力乡村振兴战略——制度思考和政策建议 [J]. 北京师范大学学报（社会科学版）,2020(06):5–14.

[3] 李慧，赵佳娜. 河北省乡村教师现状及队伍建设问题研究 [J]. 河北企业 ,2016(02):73–75.

[4] Anthony–Stevens V. Intersectional Marginalities in Rural Teacher Preparation: Teaching Beyond "What I Am Able to See Visibly"[J].Teaching Economic Inequality and Capitalism in Contemporary America, 2018(01):199–211.

[5] Nguyen T. Teacher Attrition and Retention in Kansas: A Case Study of Geographically Rural States with Persistent Teacher Shortages[J]. Online Journal of Rural Research & Policy, 2020, 15(1):1–23.

[6] Banghart K. Teacher Recruitment and Retention in Rural Colorado[J]. State Education Standard, 2021， 21(1): 29–32.

[7] Nielson D. Who Will Teach Montana's Children? [J]. Certification Standards and Practices Advisory Council, 2001.

[8] 赵新亮. 我国乡村教师队伍建设的实践困境与对策研究——基于全国 23 个省优秀乡村教师的实证调查 [J]. 现代教育管理 ,2019(11):81–87.

[9] 吴玉龙，田春. 基于 ERG 理论视角的乡村教师队伍激励机制建设探究——以广西为例 [J]. 高教论坛 ,2019(08):62–66.

[10] Watts J. An Exploration of Teacher Retention in Rural School Districts in Eastern Kentucky[D]. University of Kentucky, 2016.

[11] Sawchuk S. Steep Drops Seen in Teacher–prep Enrollment Numbers[J].

The Education Digest, 2015,80(7):9.

[12] Greenberg J, Baron R A. Behaviour in Organizations: Understanding and Managing the Human Side of Work[J].Prentice–Hall,1997.

[13] Arnold J, Davey K M. Graduates Work Experiences as Predictors of Organizational Commitment, Intention to Leave, and Turnover: Which Experiences Really Matter?[J]. Applied Psychology: An International Review,1999, 48(2):211–238.

[14] UNESCO. Education for all 2000–2015: Achievements and Challenges[R]. EFA Global Monitoring Report，2015.

[15] Newman L. Family Involvement in the Educational Development of Youth with Disabilities: A Special Topic Report of Findings from the National Longitudinal Transition Study–2 (NLTS2)[J]. Online Submission, 2005:144.

[16] Gallo J, Beckman P. A Global View of Rural Education: Teacher Preparation, Recruitment, and Retention[J]. Global Education Review, 2016(3):1–4.

[17] Eppley K. Rural Schools and the Highly Qualified Teacher Provision of No Child Left Behind: A Critical Policy Analysis[J]. Journal of Research in Rural Education, 2009,24(4):1–11.

[18] Tran H, Smith D. Insufficient Money and Inadequate Respect: What Obstructs the Recruitment of College Students to Teach in Hard–to–Staff Schools[J]. Journal of Educational Administration, 2019，57(2): 152–166.

[19] UCEA. Department of Education Report on Rural Education[R]. UCEA’s Comments and Recommendations about U.S, 2018(5005):114–195.

[20] Banghart K. Teacher Recruitment and Retention in Rural Colorado[J]. State Education Standard, 2021，21(1): 29–32.

[21] Febriana M, Nurkamto J, Rochsantiningsih D. Teaching in Rural Indonesian Schools: Teachers' Challenges[J]. International Journal of Multicultural and Multireligious Understanding, 2018, 5(5):11–20.

[22] Cobold C. Induction for Teacher Retention: A Missing Link in Teacher Education Policy in Ghana[J]. Postgraduate Journal of Education Research,

2017,8(1): 7–18.

[23] 孔养涛 . 乡村振兴战略中乡村教师队伍的本土化建设 [J]. 教学与管理 ,2020(12):55–58.

[24] 陈莉 . 乡村教师队伍建设的困境与对策 [J]. 教学与管理 ,2020(03):53–55.

[25] 邬志辉，秦玉友 . 中国农村教育发展报告 2020—2022[R]. 东北师范大学中国农村教育发展研究院 , 2022.

[26] 张彩玲 . 城乡教育一体化背景下农村教师队伍建设存在的问题及对策研究 [D]. 中央民族大学 ,2018.

[27] 王国明 . 农村教师队伍建设支持性政策的现状与问题研究 [J]. 教师教育学报 ,2019,6(02):77–83.

[28] 朱慧芳 . 乡村教师队伍建设研究综述 [J]. 江苏科技信息 ,2016(15):24–25.

[29] Darling–Hammond L. Keeping Good Teachers: Why it Matters, What Leaders Can Do[J]. Educational Leadership, 2003,60(8): 6–13.

[30] Swars S L, Meyers B, Mays L C, et al. A Two–Dimensional Model of Teacher Retention and Mobility: Classroom Teachers and Their University Partners Take a Closer Look at a Vexing Problem[J]. Journal of Teacher Education, 2009, 60(2): 168–183.

[31] Bolich A M. Reduce Your Losses: Help New Teachers Become Veteran Teachers[J]. Southern Regional Education Board,2001.

[32] Petty T M, Fitchett P, O’Connor K. Attracting and Keeping Teachers in High–Need Schools[J]. American Secondary Education, 2012,40(2): 67–88.

[33] Boyd D, Grossman P, Ing M, et al. The Influence of School Administrators on Teacher Retention Decisions[J]. American Educational Research Journal, 2011,48(2): 303–333.

[34] Ingersoll R M, May H. The Minority Teacher Shortage: Fact or Fable?[J]. Phi Delta Kappan, 2011,93(1): 62–65.

[35] Curtis C. Why do They Choose to Teach–and Why do They Leave? A

Study of Middle School and High School Mathematics Teachers[J]. Education, 2012,132(4): 779–788.

[36] Gaytan J. Teacher Recruitment and Retention: An Essential Step in the Development of a System of Quality Teaching[J]. Career and Technical Education Research, 2008,33(2), 117–132.

[37] Hirsch E. Recruiting and Retaining Teachers in Alabama: Educators on What it Will Take to Staff All Classrooms with Quality Teachers[J]. Center for Teaching Quality,2006: 1–24.

[38] Fall A M, Billingsley B S. Disparities in Work Conditions Among Early Career Special Educators in High– and Low–poverty Districts[J]. Remedial and Special Education, 2011,32(1):64–78.

[39] Büschgens T, Bausch A, Balkin D B. Organizational Culture and Innovation: A Meta–Analytic Review[J]. Journal of Product Innovation Management,2013, 30(4): 763–781.

[40] Nguyen T D, Pham L, Springer M G, Crouch M. The Factors of Teacher Attrition and Retention: An Updated and Expanded Meta–Analysis of the Literature[R]. Annenberg Institute at Brown University,2019:19–149.

[41] Imazeki J. Teacher Salaries and Teacher Attrition[J]. Economics of Education Review, 2005,24(4): 431–449.

[42] Fall A M. Recruiting and Retaining Highly Qualified Special Education Teachers for High– Poverty Districts and Schools: Recommendations for Education Leaders[J]. Journal of Special Education Leadership, 2010,23(2): 76–83.

[43] Clotfelter C T, Glennie E J, Ladd H F, Vigdor J L. Teacher Bonuses and Teacher Retention in Low–Performing Schools: Evidence From the North Carolina $1,800 Teacher Bonus Program[J]. Public Finance Review, 2008,36(1): 63–87.

[44] Hanushek E A, Kain J F, Rivkin S G. Why Public Schools Lose Teachers[J]. Journal of Human Resources, 2004,39(2):326–354.

[45] Cowen J M, Butler J S, Fowles J, Streams M E, Toma E F. Teacher Retention in Appalachian Schools: Evidence from Kentucky[J]. Economics of Educa-

tion Review, 2012,31(4):431–441.

[46] Donaldson M L, Johnson S M. The Price of Misassignment: The Role of Teaching Assignments in Teach for America Teachers' Exit from Low–Income Schools and the Teaching Profession[J]. Educational Evaluation and Policy Analysis,2010, 32(2): 299–323.

[47] 唐子超 , 霍翠芳 . 坚守与退却 : 乡村学校教师流动的内涵、困境与出路 [J]. 现代教育科学 ,2022(04):52–59+72.

[48] Kukla–Acevedo, S. Leavers, Movers, and Stayers: The Role of Workplace Conditions in Teacher Mobility Decisions[J]. The Journal of Educational Research, 2009,102(6): 443–452.

[49] Tran H, Hardie S, Gause S, Ylimaki R. Leveraging the Perspectives of Rural Educators to Develop Realistic Job Previews for Rural Teacher Recruitment and Retention[J]. Rural Educator, 2020, 41(2): 31–46..

[50] Brown K M, Wynn S R. Finding, Supporting, and Keeping: The Role of the Principal in Teacher Retention Issues[J]. Leadership and Policy in Schools,2009, 8(1): 37–63.

[51] Jorgenson O. Going Private?: Insights for Public School Leaders Considering the Move to Independent Schools[J]. The Clearing House: A Journal of Educational Strategies, Issues and Ideas, 2006, 79(6): 265–270.

[52] Bennett S V, Brown Jr JJ, KirbySmith A, Severson B. Influences of the Heart. Novice and Experienced Teachers Remaining in the Field[J]. Teacher Development, 2013,17(4):562–576.

[53] Smith T M, Ingersoll R M. What are the Effects of Induction and Mentoring on Beginning Teacher Turnover?[J] American Educational Research Journal,2004, 41(3): 681–714.

[54] Aryee S, Tan K. Antecedents and Outcomes of Career Commitment[J]. Journal of Vocational Behavior,1992, 40(3): 288–305.

[55] Petty T M, O' Connor K A, Dagenhart D B. Staffing High–need Middle Schools: North Carolina Teachers' Perspectives[J]. North Carolina Middle School

Association Journal, 2011,26(1): 1–12.

[56] Tran H, Hogue A M, Moon A M. Attracting Early Childhood Teachers to South Carolina’s High Needs Rural Districts: Loan Repayment vs. Tuition Subsidy[J]. Teacher Education Journal of South Carolina,2015, 8: 98–107.

[57] 樊改霞 . 乡村教师职业发展及其前景分析——兼议乡村教师队伍建设的路径 [J]. 中小学教师培训 ,2019(08):15–20.

[58] Flook L, Goldberg S, Pinger L, Bonus K, Davidson R J. Mindfulness for Teachers: A Pilot Study to Assess Effects on Stress, Burnout and Teaching Efficacy[J]. Mind, Brain, and Education, 2013,7(3):182–195.

[59] Mansfield C, Beltman S. Promoting Resilience for Teachers: Pre–Service and In–Service Professional Learning[J]. The Australian Educational Researcher,2019 , 46(4): 583–588

[60] Huysman J. Rural Teacher Satisfaction: An Analysis of Beliefs and Attitudes of Rural Teachers' Job Satisfaction[J]. Rural Educator, 2008,29(2):31–38.

[61] Day C. Uncertain Professional Identities: Managing the Emotional Contexts of Teaching[C]. New Understandings of Teacher’s Work: Emotions and Educational Change,2011.

[62] Farnsworth V, Kleanthous I, Wenger–Trayner E. Communities of Practice as a Social Theory of Learning: A Conversation with Etienne Wenger[J]. British Journal of Educational Studies,2016, 64(2):1–22.

[63] Wenger E. Communities of Practice and Social Learning Systems[J]. Organization, 2000,7(2): 225–246.

[64] Mockler N. Beyond‘What Works’: Understanding Teacher Identity as a Practical and Political Tool[J]. Teachers and Teaching,2011, 17(5):517–528.

[65] 王鉴 , 苏杭 . 略论乡村教师队伍建设中的“标本兼治”政策 [J]. 教师教育研究 ,2017,29(01):29–34.

[66] 吴梅 , 许晓君 . 我国乡村教师队伍建设面临的困境及其破解 [J]. 当代教育科学 ,2017(06):61–64.

[67] 王艳玲 . 稳定乡村教师队伍的政策工具改进 : 以云南省为例 [J]. 教育

发展研究 ,2018,38(02):28–34+61.

[68] Leigh A, Mead S. Lifting Teacher Performance[R]. Policy Report of the Progressive Policy Institute,2005.

[69] 薛正斌 . 乡村教师生活待遇政策研究——基于 31 个省 (区、市) 乡村教师支持计划的文本分析 [J]. 当代教师教育 ,2020,13(02):22–26.

[70] 邓亮 , 赵敏 . 我国乡村教师队伍建设政策执行困境与突破路径——基于多重制度逻辑的视角 [J]. 教育理论与实践 ,2019,39(34):42–46.

[71] Patton M, Kritsonis W A. The Law of Increasing Returns: A Process for Retaining Teachers– national Recommendations[J]. National Journal for Publishing and Mentoring Doctoral Student Research,2006, 3(1):1–9.

[72] Steele J L, Murnane R J, Willett J B. Do Financial Incentives Help Low–Performing Schools Attract and Keep Academically Talented Teachers? Evidence from California[J]. Journal of Policy Analysis and Management, 2010,29(3): 451–478.

[73] Maranto R, Shuls J V. How do We Get Them on the Farm? Efforts to Improve Rural Teacher Recruitment and Retention in Arkansas[J]. Rural Educator, 2012,34(1): 32–40.

[74] Yettick H, Baker R, Wickersham M, Hupfeld K. Rural Districts Left Behind? Rural Districts and the Challenges of Administering the Elementary and Secondary Education Act[J]. Journal of Research in Rural Education, 2014,29(3): 1–15.

[75] 陈荣玻 ."县管校聘"政策的协同推进研究 [D]. 云南师范大学 ,2022.

[76] Fusarelli B C, Militello M. Racing to the Top with Leaders in Rural High Poverty Schools[J]. Planning and Changing, 2012， 43:46–56.

[77] Ingersoll R, Merrill L, May H. Retaining Teachers: How Preparation Matters[J]. Educational Leadership, 2012,69(8):30–34.

[78] Fayne H, Matthews I T. A Local Solution to a National Problem: Preparing Preservice Candidates for Urban Middle Schools[J]. Professional Educator,2010, 34(1): 3–16.

[79] Davis J, Wilson S M. Principal's Efforts to Empower Teachers: Effects on

Teacher Motivation and Job Satisfaction and Stress[J]. The Clearing House:A Journal of Educational Strategies Issues and Ideas, 2000, 73(6): 349–353.

[80] Ateskan A. Pre–Service Teachers' Cultural and Teaching Experiences Abroad[J]. Journal of Education for Teaching,2016, 42(2): 135–148.

[81] Gutierrez A, Kostogriz A. The Influence of Chronotopes on Pre–Service Teachers' Professional Becoming in a School–University Partnership[J]. Teachers and Teaching, 2020,26(5–6):475–489.

[82] Cuervo H, Acquaro D. Exploring Metropolitan University Pre–Service Teacher Motivations and Barriers to Teaching in Rural Schools[J]. Asia–Pacific Journal of Teacher Education, 2018,46(4): 384–398.

[83] Hammer P C, Hughes G, Mcclure C, Reeves C, Salgado D. Rural Teacher Recruitment and Retention Practices: A Review of the Research Literature, National Survey of Rural Superintendents, and Case Studies of Programs in Virginia[J]. Appalachia Educational Laboratory at Edvantia, 2005,37(2):185–198.

[84] Stelmach B L. A Synthesis of International Rural Education Issues and Responses[J]. The Rural Educator, 2011, 32(2):32–42.

[85] Autti O, Hyry–Beihammer E K. School Closures in Rural Finish Communities[J]. Journal of Research in Rural Education, 2014,29(1): 1–17.

[86] 曾新，高臻一. 赋权与赋能：乡村振兴背景下农村小规模学校教师队伍建设之路——基于中西部 6 省 12 县《乡村教师支持计划》实施情况的调查[J]. 华中师范大学学报（人文社会科学版）,2018,57(01):174–187.

[87] 张松祥. 本土化：我国乡村教师队伍培养的必由之路 [J]. 中国教育学刊 ,2016(12):62–68.

[88] 黄佑生，尹川. 补短扶弱·精准提升："强师计划"乡村实施的湖南经验 [J]. 中小学管理 ,2022(09):19–22.

[89] 于淼. 生态学视域下教师专业发展案例研究 [D]. 云南师范大学 ,2022.

[90] Kersaint G, Lewis J, Potter R, Meisels G. Why Teachers Leave: Factors that Influence Retention and Resignation[J]. Teaching and Teacher Education,2007,23(6):775–794.